Pommer

BAUSTEINE

Sprachbuch 5

Neubearbeitung

Erarbeitet von
Petra Bittins, Christa Degener,
Kathrin Hohensee, Jasmina Jendreyko,
Christina Knobel, Margarete Kolbe,
Ramona Schulz, Tanja Wache
und Jutta Wild

Diesterweg

Bausteine Sprachbuch 5
Neubearbeitung

Erarbeitet von:
Petra Bittins, Christa Degener, Kathrin Hohensee,
Jasmina Jendreyko, Christina Knobel, Margarete Kolbe,
Ramona Schulz, Tanja Wache und Jutta Wild

Druck A [1] / Jahr 2004
Alle Drucke der Serie A sind im Unterricht parallel verwendbar.

Redaktion: Franziska Voigt, Hamburg
Herstellung: Detlev Ehlen, Sabine Schmidt
Illustrationen: Susann Hesselbarth, Leipzig; Frauke Weldin, Hamburg
Umschlaggestaltung: Hans-Jürgen Feldhaus, Münster
Layout: thom bahr GRAFIK, Mainz
Satz: thom bahr GRAFIK, Mainz
Druck: aprinta Druck, Wemding

ISBN 3-507-**48200**-2

Inhalt

1 Auf diese Weise gekennzeichnete Aufgaben können

2 alternativ bearbeitet werden.

3 Diese Aufgaben können zusätzlich bearbeitet werden.

Lebensort Schule

Schule in früheren Zeiten

1 Sieh dir das Gemälde und die Fotos auf der Doppelseite an. Welche Fragen hast du? Notiere. Bewahre den Zettel auf und ergänze, wenn du während der Arbeit an dem Thema neue Fragen hast.

2 Sprecht in Gruppen über das Gemälde. Bestimmt einen Protokollanten, der in Stichworten Notizen macht.
- Wie ist euer erster Eindruck, euer erstes Gefühl?
- Tauscht euch aus über den Schüler, seine Körperhaltung, seine Kleidung, die Gestaltung des Klassenraums, die vorhandenen Arbeitsmaterialien …

3 Pinnt eure Stichwortzettel an eine Pinnwand. Sprecht über Unterschiede und Gemeinsames.

4 Legt eine Tabelle mit zwei Spalten an. Übertragt in die linke Spalte die Ergebnisse von Aufgabe 2.

5 Wie sieht es in eurem Klassenzimmer aus? Untersucht in euren Gruppen die Punkte von Aufgabe 1. Bestimmt einen anderen Protokollanten.

6 Sprecht über eure Ergebnisse. Übertragt sie in die leere Spalte eurer Tabelle. Findet Überschriften.

7 Zeige deinen Großeltern oder anderen älteren Menschen das Gemälde dieser Seite. Frage nach ihren Schulerlebnissen. Protokolliere die Antworten in Stichworten. Frage sie, ob sie dir Fotos aus ihrer Schulzeit borgen und bringe sie mit.

8 Erzählt in eurer Gruppe, was ihr zu dem Gemälde erfahren habt.

9 Der Schüler sitzt allein im Klassenzimmer. Warum wohl? Sprecht in eurer Gruppe darüber. Gebt dem Gemälde einen Titel.

10 Diese Wendungen gehörten früher zum Schulleben. Was bedeuten sie genauer? Umschreibt mit eigenen Worten. Was habt ihr dazu in Erfahrung bringen können? Arbeitet in Partnerarbeit.

nachsitzen

sitzen bleiben

Strafe absitzen

11 Drei Mal wird das Verb „sitzen" in übertragener Bedeutung gebraucht. Klärt dies in Partnerarbeit. Findet weitere Beispiele mit „sitzen" in übertragener Bedeutung. Sammelt sie in der Klasse in einem Heft, einer Schachtel … Ergänzt, wann immer ihr auf Wörter in übertragener Bedeutung stoßt.

12 Legt die Fotos von Seite 4, Aufgabe 7 zu den hier abgebildeten Fotos aus dem Jahre 1902. Vergleicht mit der Situation in eurer Klasse. Denkt an
- die Zahl der Schülerinnen und Schüler,
- die Kleidung, Frisuren,
- die Körperhaltung, den Gesichtsausdruck,
- Jungen, Mädchen,
- Lehrer, Lehrerin.

13 Lange wurden, zumindest in den Städten, Mädchen und Jungen getrennt unterrichtet. Auch auf den Schulhöfen waren Mädchen und Jungen getrennt. Wie findet ihr das? Tauscht eure Meinungen kurz aus.

14 Nehmt nun die Notizen aus den Aufgaben 1 und 2 zur Hand. Gibt es etwas, das ergänzt werden muss, oder etwas, das gestrichen werden kann?

Mädchen und Jungen in der Schule getrennt?

1 Die Meinungen zu dieser Frage sind sehr unterschiedlich. Wie denkst du darüber? Notiere deine Ideen. Du kannst es in unterschiedlicher Form tun:
- in Sprechblasen
- in Spiegelstrichen

Probiere aus.

2 Bereitet ein Gespräch zu der Frage „Mädchen und Jungen in der Schule getrennt?" vor. Damit euer Gespräch gut verläuft, müsst ihr Gesprächsregeln beachten. Bildet Gruppen. Notiert die Regeln, die ihr kennt.

3 Sammelt alle Gesprächsregeln, die ihr notiert habt. Besprecht, was euch besonders wichtig ist und einigt euch auf höchstens acht Gesprächsregeln für die Klasse.

Man hebt beide Arme, wenn ...
Wir heben beide Arme, wenn ...
Ich hebe beide Arme, wenn ich etwas zu jemanden direkt sagen oder etwas fragen möchte.
Du hebst beide Arme, wenn ...

4 Erprobe an einer Gesprächsregel unterschiedliche sprachliche Formen. Achte auf

einheitliche Satzanfänge

Satzarten

du-man-ich-Formulierungen

Gesprächsregeln beachten

1 Gestaltet ein Plakat mit Gesprächsregeln, das ihr in der Klasse gut sichtbar aufhängt. Nehmt dazu farbigen Karton und dicke Stifte. Denkt an
- eine übersichtliche Anordnung,
- die Lesbarkeit der Schrift,
- Zeichnungen zum Verdeutlichen,
- ausreichend Platz für Ergänzungen.

2 Wählt drei Mitschüler(innen) aus, die auf die Einhaltung der Regeln achten. Jeder „Regel-Wächter" sollte nur eine Regel im Blick haben. „Regel-Wächter" beteiligen sich nicht mit Wortmeldungen.

3 Führt nun euer Gespräch „Mädchen und Jungen in der Schule getrennt?" durch. Nehmt die Notizen zu euren Ideen von Seite 6, Aufgabe 1 als Hilfe.

4 Wertet euer Gespräch aus. Die „Regel-Wächter" haben zuerst das Wort. Nehmt euch vor, was ihr das nächste Mal besser machen wollt. Markiert eventuell entsprechende Gesprächsregeln mit einem Klebezettel.

5 Habt ihr eure Meinung durch das Gespräch geändert? Tauscht euch in Partnerarbeit aus.
Seid ihr bei eurer Meinung geblieben?
Wollt ihr zukünftig etwas verändern?
Möchtet ihr etwas Neues ausprobieren?

Klassensprecher / Klassensprecherin

1 Was sagen euch die Begriffe „Klassen**sprecher** / **Klassen**sprecherin“?
Sammelt in Partnerarbeit dazu Ideen mit einem Cluster.
Am besten geht es so:
- Nehmt ein DIN-A3-Blatt,
- schreibt in die Mitte den Begriff mit großen Druckbuchstaben,
- umkreist den Begriff,
- zieht für jede Idee, die ihr notieren wollt, eine Linie von der Mitte,
- benutzt gemeinsam einen Stift, wechselt euch beim Schreiben ab,
- dreht das Blatt beim Schreiben,
- sprecht dabei nicht miteinander.

2 Hängt eure Cluster in der Klasse auf. Vergleicht sie und tragt zusammen, was häufig genannt wird. Notiert dies an der Tafel.

Ein neuer Mitschüler kommt in die Klasse 5c ...

Die Mädchen beschweren sich darüber, dass sie ständig von den Jungen auf dem Hof gestört werden ...

Die 5a wünscht sich einen Basketballständer auf dem Schulhof ...

In solchen Situationen kann eine Klassensprecherin oder ein Klassensprecher gefragt sein.

3 Sammle weitere Situationen, in denen ein Klassensprecher / eine Klassensprecherin wichtig sein kann. Schreibe auf. Bildet dann Dreiergruppen und tauscht euch aus.

4 Welche Aufgaben hat ein Klassensprecher / eine Klassensprecherin?
Welche Fähigkeiten und Eigenschaften braucht er / sie dazu?
Notiert in Stichworten.
Überlegt euch eine geeignete Form für eure Notizen.

5 Tragt eure Ergebnisse im Klassengespräch zusammen.

Klassensprecherwahl

1 Ihr habt euch viele Gedanken zum Amt des Klassensprechers / der Klassensprecherin gemacht. Damit du gut wählen kannst, schreibe für dich eine Checkliste zu dem, was du von einem Klassensprecher erwartest. Nimm deine Notizen von Aufgabe 3 oder 4, Seite 8, zu Hilfe.

2 Inszeniert ein Kandidaten-Interview.

Ihr könnt so verfahren:

- In einer Interviewrunde werden höchstens vier Kandidaten befragt, es sollten nicht mehr als fünf Interviewer sein.
- Die Interviewer müssen sich gut vorbereiten: Zettel und Schreibzeug bereithalten, eventuell Fragen vorher aufschreiben. Alle Notizen ab Seite 8 sind dazu hilfreich.
- Die Kandidaten müssen sich gut vorbereiten: Alle Notizen von Seite 8 gründlich durchlesen. Ein Tipp: Gegen Aufregung hilft ein Glas Wasser.
- Wenn ihr mehr als vier Kandidaten für das Amt des Klassensprechers / der Klassensprecherin habt, führt eine zweite Interviewrunde durch.
- Überlegt euch eine gute Sitzordnung sowohl für die Interviewrunde als auch für die Zuschauer.

Meine persönliche Wörterkartei

Jeder Mensch geht beim Erlernen der Rechtschreibung eigene Wege. Du findest vielleicht Wörter schwierig zu schreiben, die anderen keine Probleme machen. Um sicher in der Rechtschreibung zu werden, musst du üben.

Am erfolgreichsten übst du
- mit Wörtern, die du schon einmal falsch geschrieben hast,
- mit Wörtern, die du schwierig findest, z. B. Fremdwörter, Fachbegriffe,
- mit Wörtern, bei denen du Zweifel hast.

1 Welche Wörter fallen dir spontan ein, an denen du üben möchtest? Schreibe sie auf kleine Zettel. Kontrolliere auf jeden Fall mit einem Wörterbuch.

Eine Wörterkartei für dich persönlich ist sehr nützlich, weil
- du deine Übungswörter schnell findest,
- du problemlos Wörter ergänzen kannst,
- du Wörter, die du inzwischen sicher beherrschst, einfach aus der Kartei herausnehmen kannst.

2 Besorge oder bastle dir einen Karton für DIN-A6-Karteikarten. Lege ein Abc-Register an. Für jeden Buchstaben sollten mindestens drei Karteikarten vorhanden sein.

3 Ordne die in Aufgabe 1 gesammelten Wörter nach dem Abc. Übertrage sie auf entsprechende Karteikarten. Nimm für jedes Wort eine Karteikarte.

4 Ergänze deine Wörterkartei
- mit Wörtern aus Diktaten und Aufsätzen,
- mit Begriffen aus dem Fachunterricht,
- wenn du auf Wörter stößt, die dir Schwierigkeiten machen.

5 Nimm dir vor, einmal in der Woche an deiner Wörterkartei zu arbeiten.

Um erfolgreich üben zu können, muss man wissen, wie man übt.

1. Ich schlage das Wort im Wörterbuch nach, wenn ich nicht weiß, was es bedeutet.
2. Ich schreibe das Wort auf.
3. Ich decke das Wort ab.
4. Ich schließe für einen Augenblick die Augen und stelle mir das Wort vor.
5. Ich schreibe das Wort noch einmal.
6. Ich kontrolliere Buchstabe für Buchstabe.
7. Ich schreibe das Wort am nächsten Tag noch einmal.

6 Verfahre so nacheinander mit allen Wörtern, die du neu in deine Wörterkartei aufgenommen hast.

7 Auch so kannst du üben:

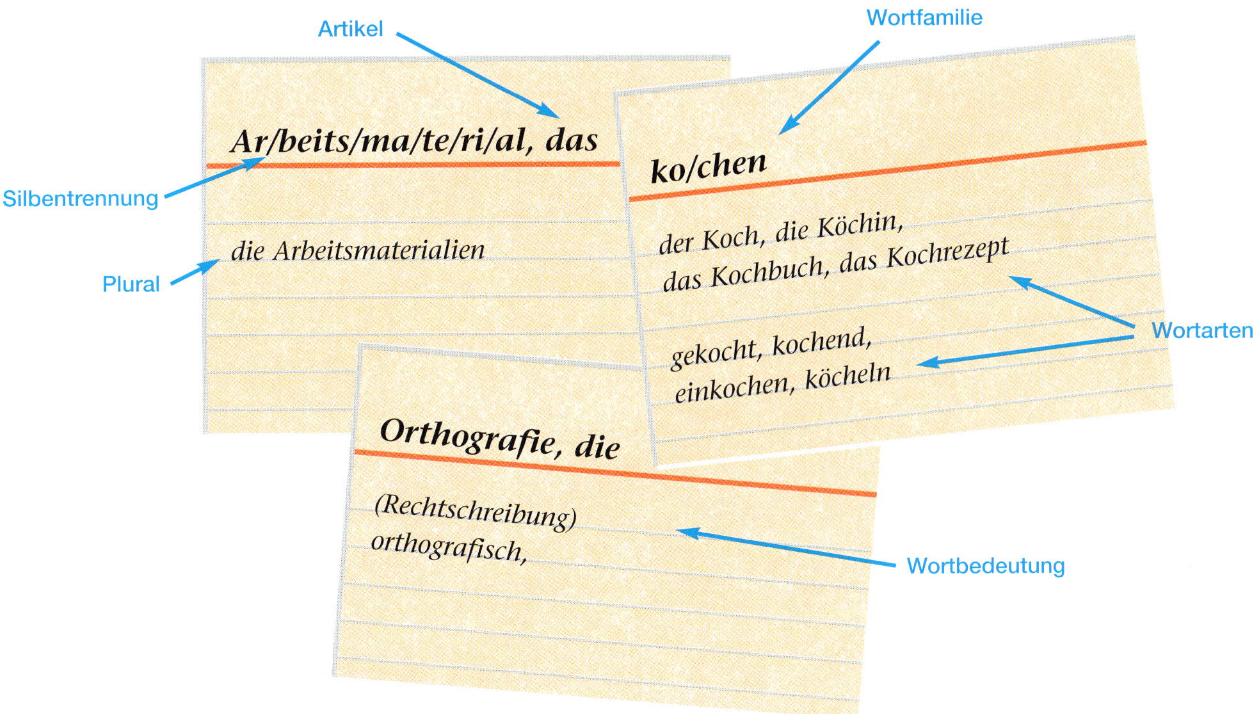

8 Überlege, wie du mit deiner Wörterkartei üben willst.
Probiere unterschiedliche Übungen aus.
Wiederhole sie mehrmals.

Mein persönliches Wörter-Buch

Kennst du das? Du übst ein Wort, schreibst es auch richtig. Und dann – in einem Text – machst du auf einmal wieder den alten Fehler ...

Versuche es mit einem Wörter-Buch, das du für dich allein anlegst.

Besorge dir dazu ein dickes Heft, z. B. eine chinesische Kladde.

Richte es als dein Wörter-Buch ein. In dieses Wörter-Buch kannst du in nächster Zeit alle Wörter schreiben, die du früher falsch geschrieben hast und nach richtigem Üben fehlerfrei schreiben kannst.

Wie geht's?

- Die Blätter deines Wörter-Buches werden an der Seite mit den Buchstaben des Abc versehen wie in einem Adressbuch.
- Du kannst eine Seite oder mehrere Seiten für einen Buchstaben reservieren. Das kommt auf die Dicke deines Heftes an.

Welche Wörter gehören in das Wörter-Buch?

- Alle Wörter, die du mehrmals geübt hast und nun fehlerfrei schreiben kannst, auch Fachbegriffe aus anderen Fächern.
- Alle Wörter, die du schnell finden möchtest, wenn du etwas schreibst: in der Schule, z. B. bei einem Referat, zu Hause, z. B. wenn du eine E-Mail oder eine SMS schreibst.

Wie gehören die Wörter in das Wörter-Buch?

- Eine gut lesbare Schrift ist der erste Schritt für das Merken.
- Nimm einen Stift, mit dem du gern schreibst.
- Wenn du dich verschreibst, überklebe die Stelle oder mache sie anders unsichtbar.

1 Entscheide, welche Wörter du in dein Wörter-Buch schreiben willst. Sieh dazu auch in deinen Arbeitsmaterialien nach. Sammle die Wörter auf einem eigenen Blatt.

2 Am erfolgreichsten bist du, wenn du nur wenige Wörter gründlich, d. h. mehrmals auf unterschiedliche Weise übst.

Nimm dir etwa fünf Wörter für einen Tag vor und verfahre so:

- Ich schreibe das Wort auf.
- Ich decke das Wort ab.
- Ich schließe für einen Augenblick die Augen und stelle mir das Wort vor.
- Ich schreibe das Wort noch einmal.
- Ich kontrolliere Buchstabe für Buchstabe.
- Ich schreibe das Wort am nächsten Tag noch einmal.

3 Probiere auch diese Möglichkeiten aus. Welche gefallen dir besonders gut? Wende sie bei deinen nächsten Übungswörtern an:

- Ich schreibe die Übungswörter nach Silben getrennt auf. Dazu spreche ich die Silben deutlich.
- Wenn ich Zweifel habe, versuche ich herauszubekommen, an welcher Stelle der Fehler sein könnte. Ich nehme einen Zettel und schreibe das Wort auf unterschiedliche Weise.

Alt-stein-zeit

Karakter
Charackter
Charakter

4 Ehe du das geübte Wort in dein Wörter-Buch schreibst, musst du sicher sein, dass du es fehlerfrei schreiben kannst. Lasse es dir diktieren.

5 Trage es in dein Wörter-Buch ein. Füge bei Nomen den Artikel hinzu, Verben schreibst du im Infinitiv, bei Adjektiven bildest du eine Steigerungsform.

der Charakter
du stehst – **stehen**
witzig –
am witzigsten

6 Mit welchen Übungen hast du gut arbeiten können? Schreibe sie als Tricks mit deinen Worten auf die Innenseiten der Heftdeckel deines Wörter-Buches.

7 Nimm dir vor, einmal in der Woche mit deinem Wörter-Buch zu üben.

Nachrichten aus der Urzeit

1 Wer war schon einmal in einer Höhle? Erzählt euch in Gruppen eure Eindrücke.

Falte ein DIN-A4-Blatt jeweils längs und quer.

Erstaunlich lebensecht übermitteln uns urzeitliche Bilder Nachrichten über das, was für die Menschen zum Überleben wichtig war: Erfolg bei der Jagd. Viele solcher Bilder wurden von Kindern entdeckt. Inzwischen kennt man ungefähr 140 dieser farbenprächtigen Zeugnisse aus alter Zeit und immer noch kommen neue Funde hinzu.
Die Höhle von Lascaux wurde am 12. September 1940 von vier Jungen auf der Suche nach ihrem Hund entdeckt.

Schneide nun aus der geschlossenen Ecke ein kleines rundes Stück heraus.

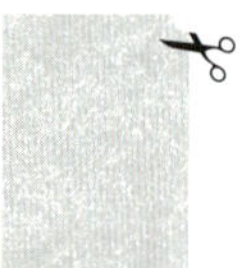

2 Wenn du auch auf Entdeckungsreise gehen möchtest, bastle dir ein Sichtfenster wie links beschrieben und führe es beliebig über das Bild.

3 Teile die Einzelheiten deiner Entdeckung so genau wie möglich deinem Partner mit. Was hat dich besonders erstaunt?

4 Was übermitteln uns diese urzeitlichen Künstler über ihr Leben? Notiere wesentliche Aussagen in Stichworten.

Falte das Blatt wieder auseinander.

5 Unternehmt gemeinsam einen Spaziergang mit allen Sinnen durch die Höhle. Beschreibt, was ihr sehen, hören, riechen, schmecken, fühlen könnt. Schreibt eure interessantesten Entdeckungen auf.
Dazu könnt ihr euch ein „Urzeitbüchlein" basteln, in dem ihr alles Wichtige und Interessante festhalten könnt – auch Neuigkeiten aus der Presse oder anderen Medien. Findet für jede Seite eine Überschrift und passende Illustrationen.

Neues und Interessantes wird uns als Nachrichten in den Medien (Rundfunk, Fernsehen, Zeitung, Internet ...) übermittelt. So auch Nachrichten aus dem Bereich der Archäologie.

Die **Nachricht** ist eine möglichst sachliche Mitteilung über aktuelle Ereignisse, für die öffentliches Interesse besteht.

Die Nachricht sollte auf einige der sechs W-Fragen antworten.

6 Entnimm der Grafik den Aufbau einer Nachricht.

TIPP
Schaut euch selbst in Zeitungen die Gestaltung von Nachrichten an. Bringt interessante Nachrichten mit.

7 Überlege, welche deiner Notizen und Entdeckungen aus den Aufgaben 3 und 4 am interessantesten sind.

8 Kennzeichne sie oder ordne sie den W-Fragen zu, zum Beispiel:
Was *wurde entdeckt? eine urzeitliche Höhle*
Wer *hat sie entdeckt? ...*

9 Verfasse nun eine aussagekräftige Nachricht. Entscheide zuerst, in welchem Medium sie präsentiert werden soll. Du kannst natürlich auch Zusatzinformationen, zum Beispiel aus dem Geschichtsunterricht, aus Sachbüchern, aus Filmen und Computerspielen usw. verwenden. Beachte auch die Informationen der Texte und Abbildungen auf den nächsten Seiten.

10 Veröffentlicht eure Ergebnisse für eure Mitschüler als
- Fernsehnachrichten
- Radionachrichten
- Zeitungsnachrichten
- Seite auf eurer Internet-Homepage

Berücksichtigt auch eure Stichwortzettel aus Aufgabe 4.

Urzeitliche Künstler

Durch die Entdeckung der Höhlenmalereien erhalten wir einen Einblick in die Lebensweise unserer Vorfahren. Aber wer malte diese Bilder? Wie stellte man die Farben her? Womit malten die Menschen damals? Wie entstanden die Muster? Wie kann man das Alter dieser Bilder bestimmen? Mit Fragen beschäftigen sich die Wissenschaftler. Viele kann man heute schon durch die Technik beantworten, ebenso viele bleiben Vermutungen.

TIPP
Du musst nicht jedes Nomen näher bestimmen.

1 Lies den Text. Du wirst merken, dass er an einigen Stellen nicht aussagekräftig ist, weil nähere Bestimmungen der Nomen fehlen. Wähle aus dem folgenden Angebot aus und erweitere den Text an geeigneten Stellen.
Schreibe ihn in dein Heft.

W
zufällig – eindrucksvoll – abenteuerlich – beschwerlich – gefährlich – farbenprächtig – kräftig – interessant – unterschiedlich – genau – exakt – alt – wichtig – modern – groß – diese

2 Vergleiche mit deinem Partner. Du kannst natürlich auch eigene Wörter einsetzen.

Nomen werden großgeschrieben. Man erkennt sie an verschiedenen Signalen.
- am Artikel (*die Entdeckung*)
- an näheren Bestimmungen, z. B. Adjektiven (*die zufällige Entdeckung*)
  Pronomen (*diese Entdeckung*)
- an den Endungen (Suffixen) (z. B. *-ung, -heit, -keit, -nis, -tion, -schaft*)

3 Schreibe aus deinem Text alle Nomen mit ihren näheren Bestimmungen heraus. Gehe nach folgendem Verfahren vor:

urzeitliche **K**ünstler – die urzeitlichen **K**ünstler

farbenprächtige **Z**eugnisse – die farbenprächtigen **Z**eugnisse

Falls dir diese Übung sehr schwer fällt, verfahre mit einem anderen Text ebenso.

4 Übernimm schwierige Wörter in deine Wörterkartei.

5 Entscheide, welche Wörter du üben möchtest. Wenn du sicher bist, übernimm sie in dein Wörter-Buch.

6 Überprüfe an einigen Nomen, welche Signale für die Großschreibung vorhanden sind.
Orientiere dich am Merkkasten.

7 Schon früher waren Hände nicht nur zum Greifen, Sammeln und Jagen da, sondern auch zum Malen.
Probiert diese Art der Malerei selbst aus.
Ihr könnt auch mit eurem Kunstlehrer darüber sprechen.

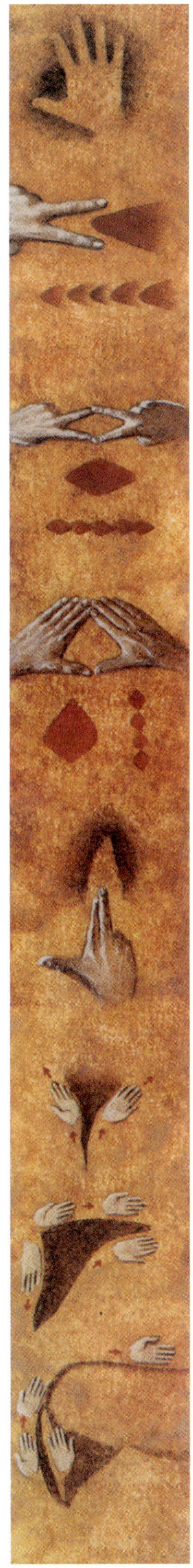

Tätigkeiten eines Archäologen

1 Archäologen haben vielfältige Aufgaben. Sie müssen systematisch suchen, auffinden, ausgraben, auswerten, bewahren, datieren, bergen, sichern, fotografieren, vermessen, einzeichnen, abtragen, bestimmen, recherchieren, errechnen, konservieren, pflegen, ergänzen usw.
Ordne die Tätigkeiten zu. Schreibe auf.
- Zufall und Planung
- Graben
- Datieren
- Bewahren

2 Schlage in einem Lexikon nach, welche Berufsgruppen eng mit dem Archäologen zusammenarbeiten. Einige sind hier abgebildet.
Welche Tätigkeiten werden beschrieben? Stelle deine Ergebnisse in der Klasse vor. Du kannst sie auch in deinem „Urzeitbüchlein" vermerken.

3 Forme die Verben aus Aufgabe 1 in Nomen um, indem du sie mit Artikel und näherer Bestimmung verwendest. Kennzeichne die veränderte Schreibweise farbig.
Das genaue Bestimmen der Funde ist schwierig.

4 Schreibe weitere Verben auf und verwende sie als Nomen in kurzen Sätzen.
Aufmerksames Beobachten kann neue Erkenntnisse bringen.

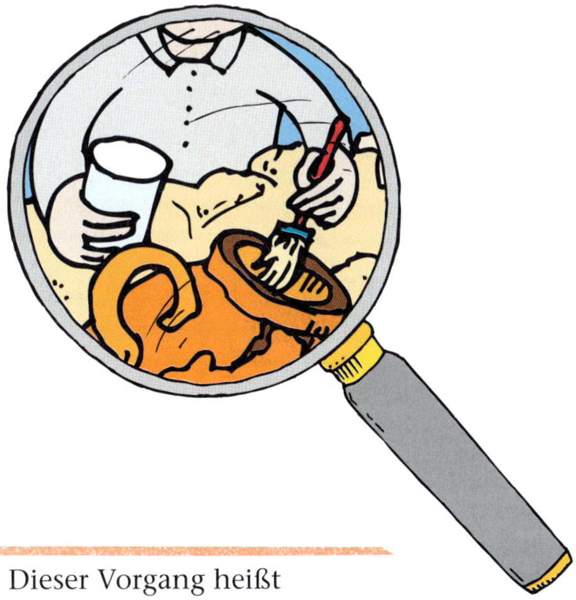

Verben können wie Nomen gebraucht werden. Dieser Vorgang heißt **Nominalisierung**. Es gelten dann dieselben Signale wie für die Großschreibung der Nomen.

Beispiel: *Suchen – das Suchen*	➠ Artikel
das systematische Suchen	➠ näher bestimmt durch ein Adjektiv
beim Suchen	➠ nach den Präpositionen *beim, zum, vom, im, am*

Rechtschreiben → S. 144

Spurensuche

Archäologen arbeiten wie Detektive. Sie beschäftigen sich mit dem Auffinden, Bergen, Datieren und Bewahren von geschichtlichen Funden. Dabei kommt es besonders auf genaues Betrachten des Fundortes an. Nach dem Auffinden interessanter Stücke vermessen die Archäologen das Grabungsgelände und teilen es in kleinere Bereiche auf. Meist werden die kleinen Bruchstücke fotografiert und in einen genauen Plan eingezeichnet. Das geht heute natürlich sehr gut am Computer. So weiß jeder, der später diesen Plan betrachtet, wo sich welches Detail befand. In einem Grabungstagebuch werden alle Einzelheiten festgehalten. Beim Lesen dieser Zeilen kann man die Entdeckerfreude der Archäologen nachempfinden.

(95 Wörter)

5 Schreibt den Text als Wende-, Lauf-, Frage- oder Partnerdiktat.

6 Welche Fragen hast du noch zu diesem Text? Versucht sie gemeinsam zu klären. Übernimm wichtige Hinweise in dein „Urzeitbüchlein".

7 Berichtige deine Fehlerwörter und übernimm sie, wenn du sicher bist, in deine Wörterkartei oder dein Wörter-Buch.

TIPP
Infos zum Wörter-Buch und zur Wörterkartei findest du auf den Seiten 10–13.

Schreibwerkstatt

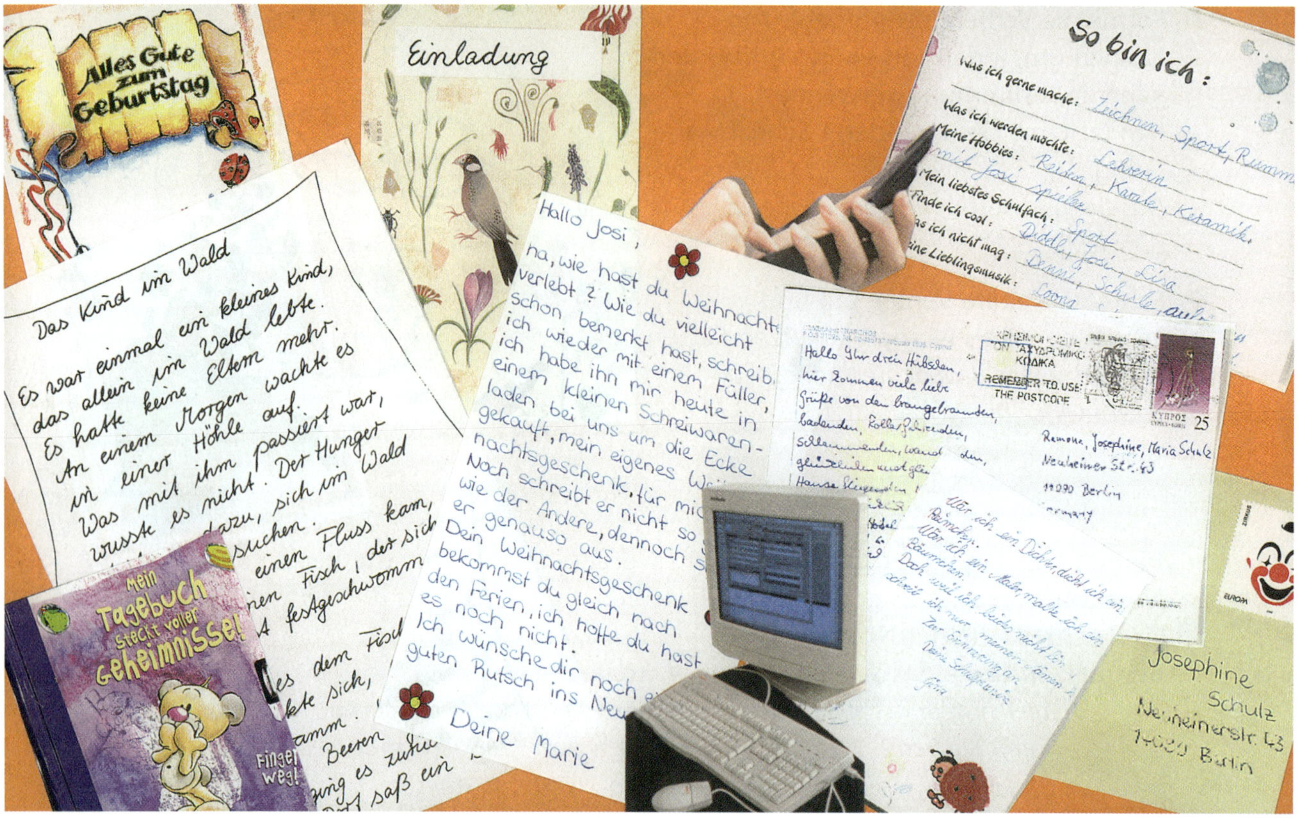

1 Schaut euch die Bilder an. Sprecht in der Gruppe darüber, in welchen Situationen ihr schreibt. Notiert, welche Textformen ihr verwendet, z. B. Brief …

2 Fertigt in der Gruppe ein Plakat an und stellt darauf eure Ergebnisse dar. Achtet auf die häufigsten Nennungen.

3 Beauftragt einen Gruppensprecher, der die Ergebnisse der Klasse präsentiert.

4 Bestimmt einen Schreiber, der die genannten Textformen an der Tafel protokolliert.

5 Welche Texte wurden am häufigsten genannt? Legt eine Rangfolge für Überschriften fest und überarbeitet die Sammlung an der Tafel.

6 Legt eine große Tabelle auf einem Plakat für die Pinnwand an und tragt die gefundenen Überschriften ein. Lasst Platz für Ergänzungen.

Brief	E-Mail	Einladung
	Tanja	Julian

7 Jeder Schüler sollte darin täglich protokollieren, was er geschrieben hat.

8 Wertet die Schreibgewohnheiten nach zwei Wochen aus und sprecht in der Klasse über den unterschiedlichen Stellenwert des Schreibens bei einzelnen Schülern.

Bilder verlocken zum Schreiben

1 Bringt von zu Hause interessante Postkarten oder Kalenderblätter mit Bildern mit.

2 Legt diese in der Klasse auf dem Boden aus und sprecht über eure Gedanken und Gefühle beim Betrachten einzelner Bilder.
Ihr könntet folgendermaßen beginnen:

Wenn ich … sehe, denke ich …

Ich erinnere mich daran, dass …

Als ich … Jahre alt war, …

3 Sucht euch ein Bild oder mehrere aus und schreibt dazu einen kleinen Text.
Der Text kann all das enthalten, was das Bild in euch auslöst: Wünsche, Gedanken, Erinnerungen oder ein von euch verfasstes Gedicht.

4 Lest einem Partner die von euch verfassten Texte vor.

5 Wiederholt das Schreiben zu Bildern einmal in der Woche oder im Monat und heftet Bilder und Texte zu einem Klassenlesebuch zusammen.

Ideen und Tipps für junge Schriftsteller

Auf dieser und der nächsten Seite findet ihr vier verschiedene Möglichkeiten, wie man Ideen für eine eigene Geschichte sammeln kann.

1 Lies die Ideen und Tipps für junge Schriftsteller auf den Seiten 22 und 23 aufmerksam durch.

Schreiben nach Musik

Musik kann Gedanken bewegen oder auch Empfindungen entstehen lassen, die sich für Geschichten gut eignen.
Stelle deine Lieblingsmusik z. B. im Walkman an. Lege den Kopf auf den Tisch und schließe die Augen. Du kannst aber auch während des Hörens ein Bild zeichnen. Anschließend schreibst du alle Reizwörter hintereinander auf, die dir beim Hören sowie beim Hören und Malen im Kopf „umherschwirrten“.

W Kornfeld – Sonne – Sommer – warm – Kuchen – Himmel – blau – Freund – Besuch – Ferien – Burg – Meer – baden – Freude – Zeit – träumen

Geschichten zu Überschriften

Sammle aus Zeitungen und Zeitschriften Überschriften. Schneide sie aus und klebe sie auf farbige Streifen. Notiere anhand eines Clusters deine Gedanken zu einer ausgewählten Überschrift.

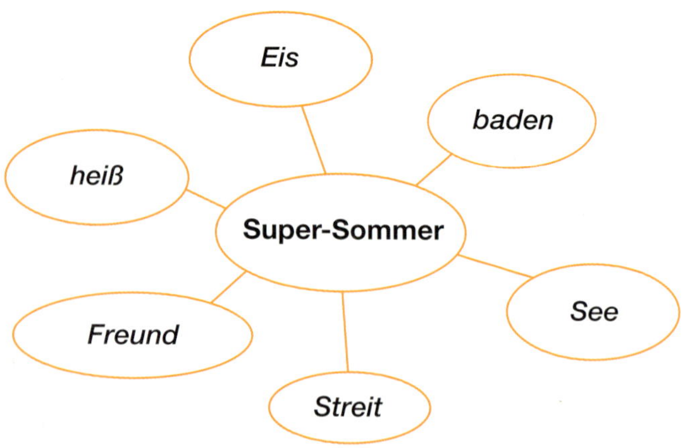

Geschichten aus der Schatztruhe

Beklebt oder bemalt in der Klasse eine schöne Kiste. Jeder bringt von zu Hause drei Gegenstände mit, die ihr in der Schatzkiste sammelt. Setzt euch im Kreis um die Kiste herum und wählt jeweils mit verbundenen Augen drei Gegenstände aus. Diese Gegenstände sollen dann in eurer Geschichte eine wichtige Rolle spielen. Nehmt die Gegenstände für einige Minuten nacheinander in die Hände. Legt sie dann auf verschiedenfarbiges Papier und notiert um die Gegenstände herum alle Gedanken, die euch bewegen.

Eine Geschichte verfremden

Schreibe eine bekannte Geschichte, ein Märchen oder ein Kinderbuch um.
Du hast viele Möglichkeiten etwas zu verändern und damit eine neue Geschichte entstehen zu lassen. Du kannst

- Personen / Schauplätze verändern,
- Gegenstände in die Handlung einbetten,
- das Ende umschreiben,
- aus der Sicht einer anderen Person schreiben,
- einzelne Handlungen umfassender ausbauen.

2 Wähle eine der vier Möglichkeiten aus und bereite deine Geschichte vor.

3 Schreibe deine Geschichte. Lasse, während du schreibst, genügend Platz für Überarbeitungen.

Texte überarbeiten

1 Suche dir zwei Mitschüler, mit denen du eine Schreibkonferenz bildest. Lest euch gegenseitig eure Geschichten vor. Notiert euch die Anregungen. Wählt drei Fragen aus, auf die ihr besonders achtet.

TIPP
Du kannst die Fragen auf Karteikarten übertragen und aufbewahren.

- Werden verschiedene Satzanfänge benutzt?
- Enthält der Text Lücken?
- Werden die Personen und Schauplätze umfassend beschrieben?
- Ist die Reihenfolge eingehalten?
- Bereitet die Einleitung den Zuhörer gut auf die Geschichte vor?
- Ist die Geschichte spannend und interessant?
- Ist der Schluss passend?
- Werden Wortwiederholungen vermieden?

2 Überarbeite deine Geschichte mit den Anregungen, die du aus der Schreibkonferenz erhalten hast.
Ergänze die Einfügungen mit *1, *2, *3, … auf der rechten Seite.
Streiche mit dem Lineal alles Überflüssige durch.

Der große Mann ging am See entlang.   *1 alte
    *1   *2   *2 traurig

3 Wenn du ganz sicher sein willst, überprüfe deine Überarbeitung mit der Checkliste. Übertrage die Checkliste in dein Heft.

- [x] Ich habe verschiedene Satzanfänge benutzt.
- [x] Ich habe Wortwiederholungen vermieden.
- [ ] Ich habe auf die Reihenfolge geachtet.
- [ ] Mein Text enthält keine Lücken.
- [ ] Im Begleitsatz der wörtlichen Rede habe ich nicht nur „sagte“ benutzt, sondern durch „rief“, „schrie“, „erwiderte“, „sprach“ oder andere Verben ersetzt.
- [ ] Ich habe einen Schluss gefunden.

4 Überlegt euch eine geeignete Situation für das Vorlesen eurer Geschichten. Übt das laute Vorlesen.

Ein Märchen in der Gruppe erfinden

Eine Märchenlesewoche kann ein guter Anlass sein, ein eigenes Märchen zu verfassen. Durch das Lesen vieler verschiedener Märchen werden euch eigene Ideen zum Schreiben kommen.

1 Bringt Märchenbücher von zu Hause mit oder leiht euch einige in der Bibliothek aus.

2 Verteilt die Märchenbücher in der Klasse auf großen Tischen und entscheidet euch für ein Märchen, das ihr in Ruhe an einem ausgewählten Platz in der Klasse lest.

3 Stellt euer Märchen den anderen Mitschülern vor. Ihr könnt
- eine Textstelle laut vorlesen,
- eine Person näher beschreiben,
- …

Märchen sind einfache und unterhaltsame Geschichten aus alten Zeiten, die immer wieder mündlich weitererzählt wurden. Sie beginnen oft mit „Es war einmal …“ und enden „Und wenn sie nicht gestorben sind, dann leben sie noch heute“. Die Personen, die sich gegenüberstehen, sind sehr gegensätzlich, z. B. *arm – reich, gut – böse, schön – hässlich.*
Aus diesen Gegensätzen ergeben sich oft Auseinandersetzungen.
Dabei kommen oft Zauberwesen hinzu: *Feen, Hexen, Zwerge, Riesen, sprechende Tiere* … Eine besondere Rolle spielen in Märchen die Zahlen, z. B. *drei Wünsche, drei Prüfungen, sieben Raben.*

4 Bildet Vierergruppen. Sucht aus dem Informationstext auf Seite 25 unten typische Merkmale von Märchen heraus und notiert sie als Überschriften einer Tabelle auf einem Plakat. Schreibt stichwortartig Angaben zu den Märchen, die ihr gelesen habt, darunter.

Personen	Orte/ …	…	…

5 Denkt euch in der Gruppe mithilfe der Tabelle ein Märchen aus, in dem zwei gegensätzliche Figuren vorkommen und die Zahl „Drei" eine große Rolle spielt.

der Dummling war der dritte …

drei Wünsche frei

Zauberer und Zwerg

eine böse Hexe verwandelte

musste drei Aufgaben bestehen

6 Setzt euch um ein großes Plakat herum. Macht euch darauf Notizen zu einem Handlungsverlauf, den ihr vorher abgesprochen habt. Achtet darauf, wie es zu einer Auseinandersetzung kommen könnte und wie diese am Ende gelöst wird.

7 Erzählt euer Märchen der Klasse. Benutzt dazu euer Plakat.

8 Spielt euer Märchen mit verteilten Rollen und Requisiten vor.

Ein eigenes Märchen verfassen

1 Gestaltet einen Ideentisch zum Thema „Märchen“. Schreibt ausgehend von bereits bekannten Märchen Personen, Orte, Konflikte und Zauberwesen auf verschiedenfarbige Kärtchen.

2 Bringt auch Gegenstände oder Bilder mit, die ihr den einzelnen Gruppen zuordnet.

3 Gehe mehrmals zum Ideentisch und wähle dir Personen, Orte, ... aus, die in deinem Märchen vorkommen könnten.

4 Zeichne ein Cluster, in dem alle Ideen aufgeführt werden, die zu deinem Märchen passen könnten.

5 Gliedere deine Geschichte mit Hilfe von Stichworten.

6 Solltest du stecken bleiben und keine Ideen mehr haben, besprich deinen Entwurf mit einem Partner oder gehe noch einmal zum Ideentisch.

7 Schreibe dein Märchen auf. Lasse Platz für Überarbeitungen.

8 Bilde eine Schreibkonferenz mit zwei Mitschülern. Überarbeite anschließend den Inhalt und die sprachliche Form deines Märchens. Kontrolliere mit der Checkliste von Seite 24 deine Überarbeitung.

9 Veröffentlicht eure Märchen in der Klasse. Ideen findet ihr in den Abbildungen.

Gegeneinander – miteinander

Was ist passiert?

1 Betrachte die Bilder. Notiere kurz, was passiert sein könnte. Entscheide dich, ob du aus der Sicht von Max, Paul oder der des Beobachters schreiben willst.

2 Tauscht euch in der Klasse über eure Notizen aus.

3 Bildet Vierergruppen und stellt den Konflikt im Standbild dar. Lest hierfür die folgenden Informationen.

> Verteilt die Rollen: Zwei sind das „Material" für die Standbilder, zwei sind die „Baumeister".
>
> Die Baumeister überlegen, welche Körperhaltungen geeignet sind, das Verhältnis zwischen Max und Paul zu verdeutlichen.
>
> Die Baumeister fassen ihr „Material" ganz behutsam und vorsichtig an. Das Ganze passiert ohne Worte.
>
> Die Baumeister bauen ein Streit-Standbild, indem sie das „Material" wie aus Ton zu Statuen formen. Nur das passende Gesicht machen die Statuen selbst.
>
> Die Statuen versuchen das Standbild für mindestens 10 Sekunden zu halten.

4 Präsentiert eure Standbilder der Klasse. Die Zuschauer „übersetzen" nach jeder Darstellung das, was die Standbilder ausdrücken, in Worte.
Formuliert Beobachtungsaufgaben und haltet diese an der Tafel fest:
- Passt die Körperhaltung der Statuen zu der dargestellten Situation?
- Passen die Gesichter der Statuen zu ihrer Körperhaltung?
- ...

5 Sprecht in der Klasse darüber: Wie habt ihr euch in den Rollen als „Max" und „Paul" gefühlt? Wie habt ihr den anderen erlebt?

6 Wechselt die Rollen und tauscht euch nochmals aus.

Wenn ich mich streite

Häufig treffen Menschen mit verschiedenen Interessen aufeinander und dann gibt es manchmal Streit.

1 Schreibe in einem Cluster alles auf, was dir zu dem Thema „Konflikt" einfällt.

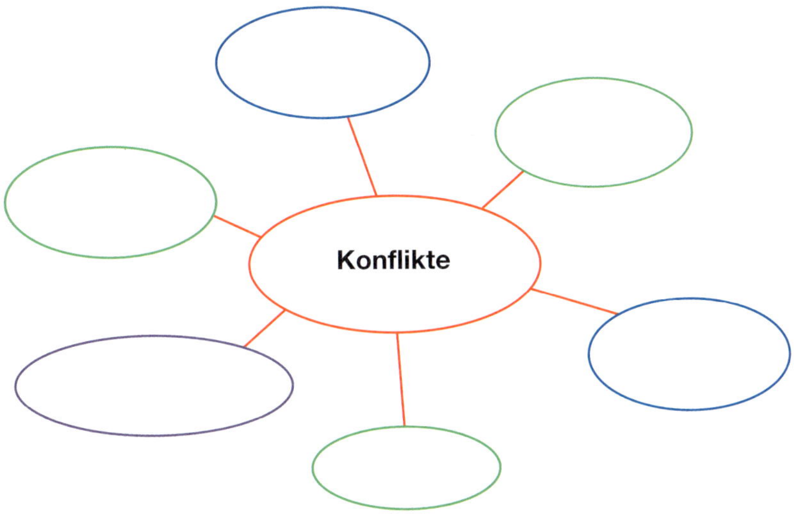

TIPP

Informationen zum Cluster findet ihr im Kapitel „Lebensort Schule" auf Seite 8.

2 Kennzeichne in deinem Cluster farbig:
- Mit wem hast du besonders oft Streit?
- Worüber streiten sich Mädchen und Jungen am häufigsten?

3 Tragt eure Ergebnisse an der Tafel zusammen.

4 Wähle einen Konflikt aus und erzähle darüber der Klasse.

5 Suche dir einen Partner und betrachte sein Cluster.
Wähle anschließend einen Konflikt aus seinem Cluster aus, über den du mehr erfahren möchtest.

Stelle deinem Partner folgende Fragen:

Was ist passiert?

Was wolltest du erreichen?

Wie hast du dich gefühlt?

Wechselt anschließend.

6 Wähle nun selbst einen Konflikt aus deinem Cluster aus und beantworte die Fragen aus Aufgabe 5, Seite 29.
Schreibe die Fragen und deine Antworten auf DIN-A6-große Konfliktkarten.

Was ist passiert?

Meine Freundin hat …

Was wolltest du erreichen?

Ich wollte …

Wie hast du dich während des Streits gefühlt?

Ich habe mich …

7 Wie verstehst du dich mit deinem Streitpartner, wenn ihr keinen Streit habt? Schreibe deine Gedanken auf eine weitere DIN-A6-Karte.

Bewahre deine Konfliktkarten in einem Briefumschlag auf.

Wie steht ihr zueinander, wenn ihr keinen Streit habt?

Wenn wir keinen Streit haben, dann …

8 Überlege, welche Erfahrungen du selbst beim Streiten gemacht hast. Notiere.

9 Sprich mit einem Partner über deine Einschätzungen. Überlegt gemeinsam, auf was ihr in Zukunft bei einem Streit besonders achten wollt.

Konflikte lösen

Wenn ich mich streite, dann …

… setze ich mich meistens mit Schreien und Hauen durch.

… versuche ich mich durchzusetzen, achte aber auch auf den anderen. Wir überlegen, wie wir beide das bekommen können, was wir wollen.

… wehre ich mich und gebe nicht nach.

… bleibt der Streit ungelöst.

…

1 Ein Streit kann auf unterschiedliche Weise beendet werden. Lies die Beispiele.

2 Überlege dir weitere Möglichkeiten und schreibe sie wie im Beispiel in dein Heft.
Wenn ich mich streite, dann …

3 Interessiert es dich, wie deine Mitschüler einen Streit lösen? In einem „Frage-Antwort-Spiel" kannst du etwas über dich sagen und über andere erfahren.
Bildet Kleingruppen und befragt euch gegenseitig.
Achtet darauf, dass jeder zu Wort kommt.

4 Diskutiert verschiedene Möglichkeiten einen Streit zu beenden und ordnet sie dabei den folgenden Fragen zu:
- Welche Möglichkeiten tun dir und anderen weh?
- Bei welchen Möglichkeiten kann man eine Lösung finden, mit der beide Streitpartner zufrieden sind?

Begründet eure Antworten.

5 Überlegt euch eine geeignete Darstellungsform und haltet eure Ergebnisse schriftlich fest.

6 Auf Seite 30 hast du dir schon viele Gedanken zu einem Konflikt gemacht, den du erlebt hast.
Erinnere dich und beantworte die Fragen auf den Karten rechts schriftlich.
Bewahre die Konfliktkarten in deinem Umschlag auf.

Was hast du dir von deinem Streitpartner gewünscht?

Ich habe mir gewünscht …

Was wolltest du selbst tun um den Streit zu beenden?

Ich …

Neue Wege bei der Konfliktlösung

Konfliktlotsen an immer mehr Schulen in Berlin und Brandenburg

Auch hierzulande haben die Konflikte an den Schulen und die zunehmende Gewalt zu einem großen Interesse an der Konfliktlotsenausbildung geführt. An immer mehr Schulen in Berlin und Brandenburg werden Streitwerkstätten eingerichtet und Schüler zu Konfliktlotsen ausgebildet. Im Rahmen der Konfliktlotsenausbildung erlernen Schülerinnen und Schüler das Verfahren der Mediation. Es wurde in den USA entwickelt und wird seit mehreren Jahren auch in Deutschland praktiziert. Die Schüler sollen lernen, dass man bei einem Streit nicht gleich losprügelt, sondern Konflikte mit Worten lösen kann. Sie werden ermutigt, Konflikte selbstständig oder mithilfe eines neutralen Vermittlers, dem Mediator, zu lösen. Das Wort „mediation" stammt aus dem Englischen und bedeutet wörtlich übersetzt „Vermittlung". In Berlin gibt es bereits über 50 Schulen, in denen Schüler und Schülerinnen zu Konfliktlotsen ausgebildet werden.

Olli, 12 Jahre: Wenn zwei sich streiten, komme ich:

An meiner Schule gibt es eine Streitwerkstatt. Dort habe ich mich zum Konfliktlotsen ausbilden lassen. Wenn andere Kinder Streit haben, versuche ich ihnen mit dem Verfahren der Mediation zu helfen. Dabei soll es keinen Verlierer geben. Als Konfliktlotse darf ich niemals Partei für einen Streiter ergreifen und auch keine Lösungen für den Konflikt vorgeben. Die Lösung für ihren Streit müssen die Streiter selber finden. Wichtig ist aber, dass ich ihnen dabei helfe und ihnen meine Vertraulichkeit zusichere. Die Gespräche finden in unserem Konfliktlotsenraum statt, wo wir ungestört reden können. Wichtig ist, dass die Streitparteien sich bereits ein wenig beruhigt haben, wenn sie zu mir kommen und nicht mehr unter Stress stehen. Zu Beginn werden Gesprächsregeln festgelegt. Danach gebe ich nacheinander jedem Streiter die Möglichkeit, seine Sichtweise des Problems zu erzählen, ohne dass er unterbrochen wird. Ich höre verständnisvoll zu, frage nach und wiederhole, was die Kinder sagen. Die beiden Streiter sollen hören, was der andere zu sagen hat, was er braucht und sich wünscht, um sich wieder zu vertragen. Gelingt es, dass die beiden etwas Verständnis füreinander aufbringen, so können sie gemeinsam nach einer Lösung für ihren Streit suchen und verabreden, was sie in Zukunft anders machen möchten.

1 Lies beide Texte und entscheide dich, mit welchem Text du weiterarbeiten möchtest.

2 Lies den Text genau und markiere auf einer Klarsichtfolie, die du über den Text legst, wichtige Informationen.

3 Notiere dir Stichworte, mit deren Hilfe du anschließend den Text zusammenfassen kannst.

4 Arbeite mit einem Partner, der den anderen Text gewählt hat, und trage ihm deine Zusammenfassung mithilfe der Stichworte vor.

5 Prüft gemeinsam die folgenden Aussagen und schreibt jeweils die passende Antwort auf. Falls ihr nicht sicher seid, lest kontrollierend in den Texten nach.

Mediation bedeutet a) Konfliktsuche b) Konfliktvermittlung	**Die beiden Streiter müssen** a) nacheinander sprechen und sich gegenseitig ausreden lassen b) in Stichworten reden
Der Mediator ist ein a) Schiedsrichter b) neutraler Vermittler	**Über die beste Lösung entscheiden** a) der Mediator und Streiter gemeinsam b) beide Streiter

Einen Streit schlichten

1 Finde heraus, ob es die Möglichkeit der Konfliktlotsenausbildung auch an deiner Schule oder in deiner Umgebung gibt. Mache dir Notizen.

2 Olli sagt an einer Stelle, dass es sich bei der Mediation um ein „strukturiertes Verfahren der Konfliktvermittlung" handelt.
Informiere dich genauer. Halte wichtige Informationen schriftlich fest.

3 Präsentiert und vergleicht eure Ergebnisse in der Klasse.

Erinnert euch an die Bildergeschichte von Seite 28. Der Streit zwischen Max und Paul wurde nicht gelöst. Stellt euch vor, die beiden Schüler gehen zu einem Streitschlichter. Der Streitschlichter hat bei dem Gespräch eine verantwortungsvolle Aufgabe. Welche Fragen kann er Max und Paul stellen, um ihnen bei der Lösung ihres Konflikts zu helfen?

4 Notiert eure Fragen an der Tafel und ordnet sie in einer sinnvollen Reihenfolge.

5 Überlegt euch Gesprächs- und Verhaltensregeln für das Gespräch.

6 Bildet Vierergruppen und versucht im Rollenspiel eine Lösung für den Konflikt zu finden.
- Verteilt die Rollen: Zwei übernehmen die Rollen von Max und Paul, einer spielt den Streitschlichter, ein Schüler beobachtet das Gespräch.
- Der Streitschlichter beachtet die Fragen aus Aufgabe 4.
- Der Beobachter macht sich Notizen zum Verlauf des Gesprächs und achtet auf die Einhaltung der Gesprächs- und Verhaltensregeln.

7 Tauscht euch nach dem Rollenspiel in der Gruppe aus:
Wie habt ihr euch in eurer Rolle gefühlt? Wie habt ihr die anderen Spieler erlebt? Der Beobachter erhält zuerst das Wort.

8 Beantwortet in eurer Gruppe die folgenden Fragen und haltet die Antworten in Stichworten fest: Wie wurde der Konflikt gelöst? Ist der Ausgang des Konflikts realistisch? Können die beiden Konfliktpartner mit der Lösung zufrieden sein?

9 Wertet eure Rollenspiele mithilfe eurer Notizen im Klassengespräch aus.

Wut im Bauch

Ich bin so gemein gewesen *Irina Korschunow*

Ich heiße Anna. Ich sitze in der Schule neben Carola. Früher war sie meine Freundin. Wir haben uns fast jeden Nachmittag getroffen; bei ihr zu Hause oder bei mir. Am liebsten haben wir Theater gespielt. Wir hatten einen großen Karton mit Kram zum Verkleiden und manchmal waren unsere Mütter zum Zugucken da. Aber das ist jetzt alles vorbei, bloß wegen der blöden Brille.

Und weil ich so gemein war.

Die Brille hat Carola vor zwei Wochen bekommen. Sie wollte sie nicht aufsetzen. Sie hat geweint und ich habe gesagt, dass sie sich nicht anstellen soll.

„So viele Menschen tragen eine Brille“, habe ich gesagt. „Sogar der Rudi Carell! Das ist doch wirklich nichts Besonderes.“

Aber als Carola mit der Brille in die Schule kam, hat Udo Hoffmann „Brillenschlange“ hinter ihr hergerufen.

Dieser eklige Kerl! Carola hat gleich wieder geheult und seitdem war sie in der Schule ganz anders als früher. Sie redete kaum noch. Sie hat sich auch nicht mehr gemeldet. Sie saß da und guckte auf den Tisch, sonst nichts. Nur nachmittags beim Theaterspielen war sie manchmal so lustig wie früher. Bis zum vorigen Dienstag. Am Dienstag wollten wir bei mir zu Hause „Die Prinzessin und der Schweinehirt“ spielen.

Ich hatte ein altes Nachthemd von meiner Mutter bekommen, oben und an den Ärmeln mit Spitze. „Das ziehe ich als Prinzessin an“, sagte ich. „Nein ich“, sagte Carola. „Du warst schon so oft Prinzessin.“

„Nicht öfter als du“, sagte ich. Und plötzlich wurde Carola wütend. Das war noch nie passiert.

„Du willst immer Recht haben!“, schrie sie mich an. Da fing auch ich an zu schreien.

„Das Nachthemd gehört mir!“, schrie ich.

„Dann spiel doch allein mit deinem blöden Nachthemd. Du denkst wohl, mit mir kannst du alles machen!“, schrie Carola, und weil ich das so ungerecht fand und weil ich Carola eins auswischen wollte, schrie ich: „Hau doch ab, du Brillenschlange!“

Ich weiß noch, was für einen Schreck ich bekam, als mir das Wort herausrutschte. Am liebsten hätte ich es gleich zurückgeholt. Aber gesagt ist gesagt.

Carola starrte mich an. Sie war ganz still. Sie nahm ihre Sachen und ging. Und nun redet sie nicht mehr mit mir. Sie guckt an mir vorbei, als ob ich nicht da bin.

Ich möchte ihr gern etwas sagen. […]

1 Lies den Text und bilde dir eine eigene Meinung über den Streit.

2 Stelle dir vor, du bist Carola. Wie fühlst du dich?
Schreibe als Carola deine Gedanken und Gefühle in eine Denkblase.

3 Stelle dir vor, du bist Anna. Was würdest du Carola gerne sagen? Schreibe ihr einen Brief.

> Liebe Carola,

4 Stellt euch in einer Lesekonferenz gegenseitig eure Texte vor und tauscht euch aus.

5 Bei dem Text von Irina Korschunow fehlt der Schluss. Stellt gemeinsam Vermutungen an, wie der Text weitergeht.

6 Besorgt euch den Originaltext und lest nach, ob sich eure Vermutungen bestätigen. Sprecht darüber.

Streiten will gelernt sein

Es ist sehr wichtig, sich Gedanken über einen Konflikt zu machen. Es ist immer besser, dem anderen zu sagen, was einen stört und über was man sich geärgert hat. Es bringt nichts, seinen Ärger herunterzuschlucken. Das macht nur krank!

7 Wie findet ihr die Fragen zur Konfliktlösung, die ihr in diesem Kapitel kennen gelernt habt? Führt ein Klassengespräch.

8 Bastle dir dein eigenes „Falt-Leporello". Einmal hergestellt, kannst du das Leporello mit den Fragen zur Konfliktlösung jederzeit nutzen, wenn du selber einen Konflikt hast oder wenn du anderen bei der Lösung ihres Streits helfen möchtest.

So geht es:
- Zuerst klebst du sechs DIN-A4-große Blätter mit Klebeband aneinander.
- Beschrifte die Seiten mit den Fragen zur Konfliktlösung wie auf der Abbildung.
- Klebe sechs Briefumschläge mit der offenen Seite nach vorne auf die Seiten.
- Sortiere deine Konfliktkarten den passenden Briefumschlägen zu.

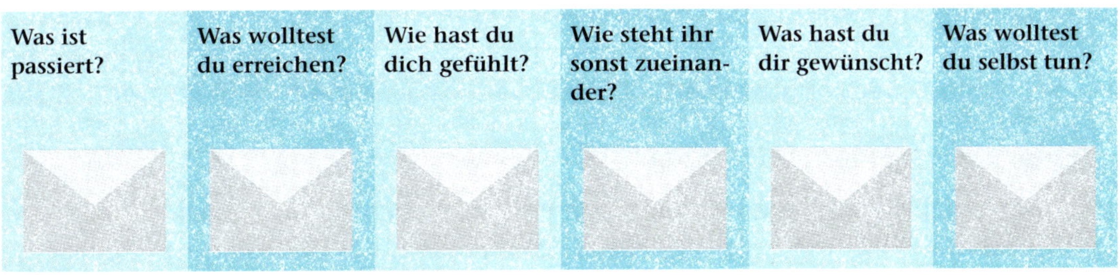

9 Überlegt euch in der Klasse, wie ihr in Zukunft mit Streit umgehen wollt. Ihr könnt z. B.:
- Streitregeln formulieren, die für alle gelten,
- eine Wut-Tonne aufstellen, in die ihr eure Wut-Zettel werft,
- einen Streitschlichter bestimmen, der versucht zwischen den Streitenden zu vermitteln.

Tiere – Mitbewohner unserer Erde

Wanderfalke

Fischotter

Luchs

Fledermaus

Apollofalter

Äskulapnatter

Seeadler

Hummel

Nerz

1 Sieh dir die Tiere oben an. Notiere auf einem Merkzettel, über welches dieser Tiere du etwas wissen möchtest. Schreibe fünf weitere Tiere dazu. Bewahrt eure Zettel in einer Erinnerungsbox gut auf.

Bereits 1992 haben die Staatschefs der Welt einen Vertrag mit dem Ziel abgeschlossen, die vielen verschiedenen Arten von Tieren und Pflanzen weltweit zu schützen. Dieses Übereinkommen besagt, dass der Mensch zwar die Arten für verschiedene Zwecke nutzen kann. Dieser Nutzen darf jedoch nicht zu einem Rückgang der Artenvielfalt führen.

2 Die abgebildeten Tiere werden durch eine Vereinbarung für bedrohte Tierarten geschützt. Stellt in Gruppen Vermutungen an, was das bedeuten könnte und warum es diese Tiere betrifft. Ein Protokollant schreibt in Stichworten eure Ergebnisse auf.

3 Bestimmte Tierarten brauchen Schutz. Was könnte das heißen? Schreibe mit einem Partner eure Gedanken dazu auf.

4 Stellt eure Ergebnisse vor. Fertigt dazu ein gemeinsames Plakat an. Überlegt euch vorher, wie ihr es gestalten wollt.

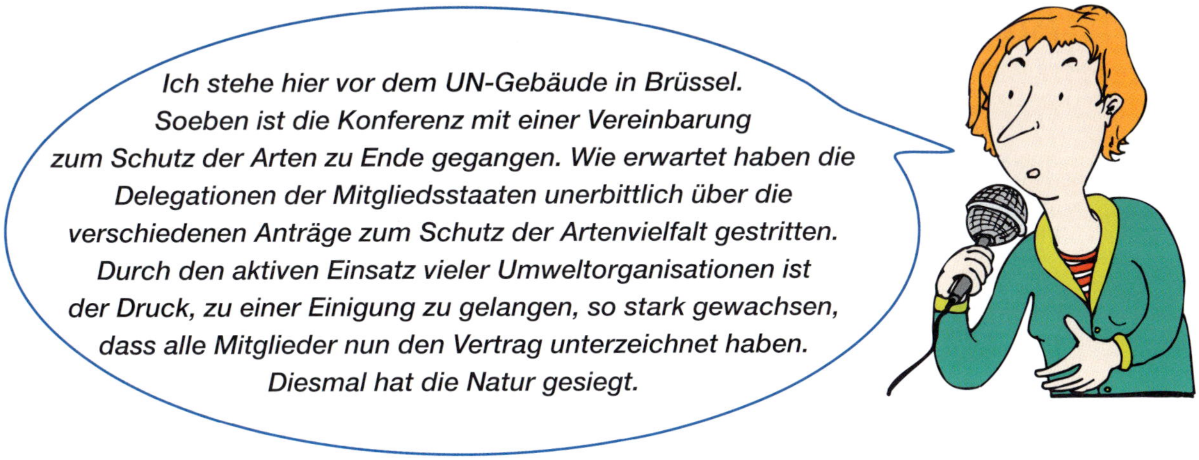

5 Umweltorganisationen arbeiten weltweit für den Erhalt und Schutz unserer Umwelt. Kennst du Umweltorganisationen und ihre Aktionen?

Die Reporterin spricht ihren Text in der Zeitform des Perfekts.

Wenn du etwas Vergangenes mündlich wiedergibst oder es noch in der Gegenwart bedeutsam ist, benutzt du meistens das **Perfekt**.

Grammatik → S.135

6 Suche alle Perfektformen der Verben, die die Reporterin benutzt, heraus, und ergänze dazu die Verben im Infinitiv (Grundform).
ist gegangen – gehen; haben gestritten – streiten, …

Ereignisse am Rande der Konferenz:
Tierschützer demonstrieren friedlich – Menschen verteilen Aufrufe – Fachleute halten Vorträge – Politiker geben Interviews – Chaoten randalieren – Touristen kaufen Andenken – Besucher gehen Essen – Leibwächter bewachen Staatschefs – Umweltorganisationen feiern Erfolge – alle reisen nach Hause

7 Übe die Perfektformen mit einem Partner. Fertigt euch Wendekarten an. Benutzt dazu die oben stehenden Stichworte.

Vorderseite:

Tierschützer demonstrieren friedlich.

Rückseite:

Tierschützer haben friedlich demonstriert.

Anna-Maria Giordano – ein Leben für die Vögel

1976 wurde der Markt von Messina Schauplatz einer Tierbefreiungsaktion. Die zehnjährige Anna-Maria Giordano kaufte dort von ihrem Taschengeld Buchfinken, Stieglitze, Falken und eine kleine Eule. Sofort ließ sie alle Vögel frei.
In den folgenden Jahren wurden ihre Aktionen immer wirkungsvoller. Mit 15 Jahren gründete sie einen Spähtrupp und lauerte in den Wäldern während des Vogelzuges Vogelfängern auf. Diese reagierten sehr wütend, bedrohten sie. Später zündeten sie sogar ihr Auto an. Dennoch ließ sie sich nicht einschüchtern. In ihrer eigenen Station half diese ungewöhnliche Frau gerne den verletzten Störchen und Reihern.
Auf Sizilien ging seitdem die Opferzahl geschützter Vögel von 5000 auf 200 pro Jahr zurück. Für ihren aktiven Vogelschutz wurde sie inzwischen belohnt: 1998 erhielt sie einen wichtigen Umweltpreis.

1 Lies den Text und überlege, weshalb Anna-Maria Giordano einen Umweltpreis bekam. Kennst du ähnliche Aktionen zum Schutz bedrohter Tiere? Sprecht darüber.

Ein Text wird lebendiger und informativer, wenn Adverbien verwendet werden.

Grammatik → S.137

Das **Adverb** ist eine Wortart. Es gibt Antworten auf die Fragen
Wo? Wann? Wie? Warum?

2 Nennt alle Adverbien des Textes. Fragen helfen euch dabei:
Die zehnjährige Anna-Maria Giordano kaufte dort Vögel.
Wo kaufte sie Vögel? Dort kaufte sie Vögel.

3 Ordne die Adverbien in die Tabelle ein. Vergleicht eure Ergebnisse.

Wo? Raum/Ort (lokal)	**Wann?** Zeit (temporal)	**Wie?** Art und Weise (modal)	**Warum?** Begründung (kausal)
dort	…	…	…
…			

4 Finde mit einem Partner weitere Adverbien und ergänzt eure Tabelle.

5 Wende die Adverbien aus der Tabelle in eigenen Sätzen an.

6 Fertigt ein Lernplakat zur Wortart Adverb an, auf dem die Regel, Beispielwörter und Sätze mit markierten Adverbien stehen.

Arten schützen – Arten nützen

1 Betrachte das Bild und überlege, was gemeint sein kann. Fertige ein Cluster an. Beachte die Regel, dass dabei nicht gesprochen werden darf.

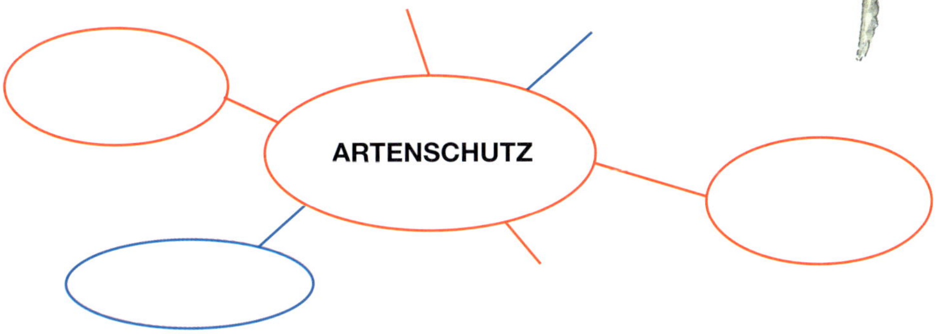

2 Markiere mit verschiedenen Farben in deinem Cluster, was zusammengehört.

3 Tauscht euch in Gruppen über eure Ergebnisse aus und formuliert daraus Pro- und Kontra-Meinungen.

4 Führt nun eine Pro-und-Kontra-Diskussion durch.

Ihr könnt so verfahren:
- Bestimmt vier Gesprächsteilnehmer.
- Die Teilnehmer müssen mit ihren Argumenten gut vorbereitet sein. Hierfür sind die Notizen hilfreich.
- Bestimmt einen „Regel-Wächter“.

5 Wertet anschließend eure Diskussion aus. Sind die Gesprächsregeln eingehalten worden?
- Ist es gelungen, die Argumente überzeugend darzustellen oder andere zu widerlegen?
- Welche Argumente haben euch überzeugt?
- Seid ihr bei eurer Meinung geblieben?

6 Anerkannte Umweltorganisationen haben in jeder Stadt Gruppen für interessierte Kinder und Jugendliche. Informiere dich, was du in deiner Nähe für den Artenschutz tun kannst. Berichte in der Klasse darüber.

Informationen aus einem Sachtext entnehmen

1 Was wisst ihr über den Pottwal?

Der Pottwal

Die Wale sind besonders interessante Tiere, da sie als einzige Meereslebewesen mit ihren Lungen atmen und lebende Junge zur Welt bringen. Somit sind sie keine Fische, sondern Säugetiere. Ein spannender Vertreter dieser Meeresbewohner ist der Pottwal, der zur Familie der Zahnwale gehört. Das typische Merkmal dieses Zahnwals ist die große, eckige Stirn, in der der gewaltige Oberkiefer mit dem Walrat sitzt und der dagegen klein wirkende Unterkiefer mit den Zähnen. Pottwale gehören zu den größten Walen: Die Bullen können bis zu 20 Meter lang werden. Die Weibchen erreichen meist nur eine Länge von elf Metern. Die Giganten bewegen sich mit ihrer Schwanzflosse vorwärts und können trotz ihrer enormen Größe Geschwindigkeiten von 40–50 km/h erreichen. Die Atemöffnung liegt weit oben am Kopf, sodass die Tiere zwar zum Luftholen an die Wasseroberfläche kommen müssen, jedoch nicht vollständig aufzutauchen brauchen. Die sanften Riesen können sehr gut hören, sie verständigen sich durch melodische Tonfolgen, die wie ein Lied verändert werden können. Der optische Sinn tritt zwar dahinter zurück, mit ihren Augen können sie jedoch über Wasser auf kurze Entfernungen gut sehen.

Die Pottwale fressen bevorzugt Tintenfische, darunter Riesenkalmare, die sie bis in große Tiefen verfolgen. Das Besondere an ihnen ist, dass sie bis 3000 Meter tief tauchen und bis zu zwei Stunden unter Wasser bleiben können. Das ist ungewöhnlich, denn im Normalfall gehen die Lungenatmer selten tiefer als 1000 Meter und verbleiben dort nicht länger als 30 Minuten.

Weil diese Meeressäuger keine natürlichen Feinde haben, vermehren sie sich nur langsam: Alle zwei bis drei Jahre bringen die Walkühe ein einzelnes Jungtier zur Welt. Es wird mit dem Schwanz voran geboren und wird schnell zur Oberfläche gebracht, da es sonst ertrinkt. Zu Beginn saugt es auch dort, später kann es dies unter Wasser.

2 Lege eine Prospekthülle oder Klarsichtfolie über den Text „Der Pottwal" und halte wasserlösliche Stifte bereit.

3 Lies den Text aufmerksam durch.

4 Markiere unbekannte oder unklare Begriffe. Wörter, die du nicht aus dem Textzusammenhang klären kannst, schlage im Lexikon nach.
Schreibe dir die Begriffe und ihre Bedeutung auf.

5 Unterstreiche die Informationen zu folgenden Oberbegriffen:
- typische Merkmale (Größe, Gewicht, …) *rot,*
- Verhalten der Tiere (Lebensweise, Lebensort, …) *blau,*
- Nahrung (Was fressen sie? Wie kommen sie dazu?) *grün,*
- Fortpflanzung (Jungtiere, Aufzucht …) *gelb,*
- Alter *schwarz,*
- Feinde *lila* und
- Besonderheiten *orange.*

Ordne deine Ergebnisse in Stichworten den Oberbegriffen zu.

6 Ein einzelner Sachtext ist nicht immer vollständig. Suche in anderen Medien nach Informationen und ergänze deine Stichwortsammlung.

7 Suche dir ein anderes Tier aus der Erinnerungsbox aus und fertige eine Stichwortsammlung an.

8 Ein Sachtext lebt auch von Abwechslung! Schreibe alle Pronomen sowie sinn- und sachverwandte Wörter, die für das Wort „Pottwal" verwendet werden, heraus.

9 Entscheide dich für ein Tier aus der Erinnerungsbox und schreibe viele verschiedene Bezeichnungen dafür auf.
Suche dir einen Partner und tauscht euch aus.

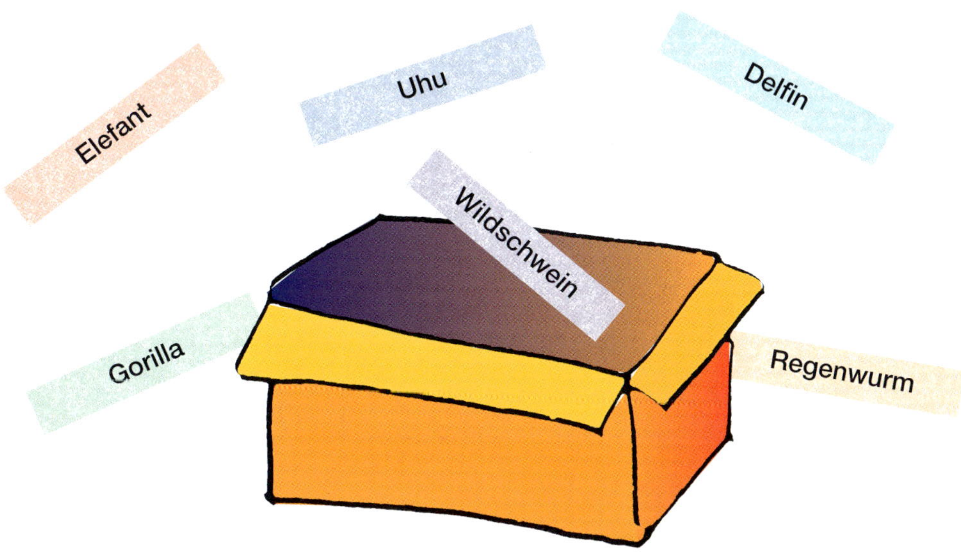

Informationen zu einem Referat verarbeiten

1 Suche dir einen Partner.

2 Entscheidet euch für ein Tier aus der Erinnerungsbox.

3 Schreibt gemeinsam ein Referat über euer Tier.

Geht dabei folgendermaßen vor:
- Überlegt, welche Informationsquellen ihr nutzt.
- Untersucht die Informationen aus den verschiedenen Quellen und legt wie in Aufgabe 5 auf Seite 41 eine Stichwortsammlung an.
- Verarbeitet nun die Informationen zu einem Referat.
- Schreibt eine Einleitung, die die Aufmerksamkeit eurer Zuhörer fesselt.
- Im Schluss könnt ihr Informationen verarbeiten, die ihr sehr erstaunlich oder witzig findet.
- Euer Referat kann auch mit einer Frage an eure Zuhörer oder mit einem passenden Zitat enden.

Informationen veranschaulichen

Kennzeichnung des Lebensraums

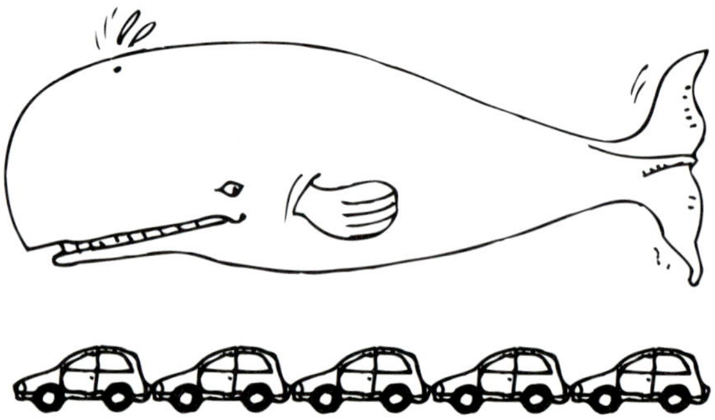
Größenvergleich

Feinde

4 Viele Informationen könnt ihr gut veranschaulichen, dann sind sie verständlicher und eure Zuhörer können sie sich besser merken.

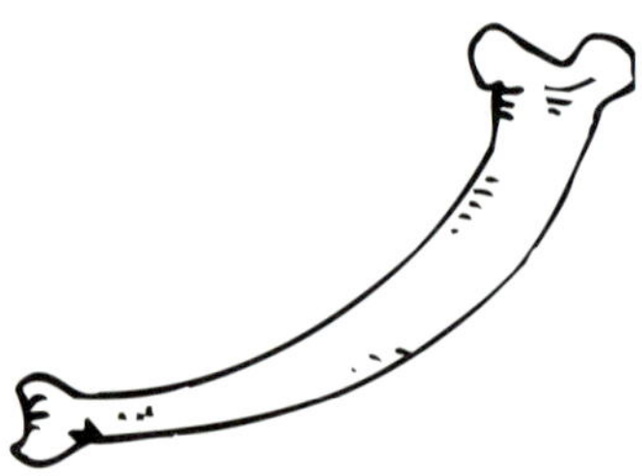

5 Finde konkrete Dinge zu deinem Tier.

Der Vortrag

Ein Referat ist ein mündlicher Vortrag. Trotzdem darfst du natürlich auch Textteile vorlesen. Aber bedenke dabei, dass ein Lesevortrag gut sein muss, damit deine Zuhörer aufmerksam sind.

Der Schlingel mit dem Schmusefell
Süß sehen sie aus mit ihrer Stupsnase und dem Kuschelfell ja harmlos erscheinen sie mit ihrer weichen Schnauze und den zitternden Schnurrhaaren sie erinnern eher an verspielte Hundewelpen als an das was Fischotter ebenfalls sind gewiefte Jäger mit ihrem endlosen Kohldampf verputzen die flinken Schwimmer Fische Krebse und Wasservögel früher wurde in Schweden das zutraulichste Raubtier Europas sogar als Haustier gehalten heute ist der Fischotter wegen seines schrumpfenden Lebensraumes an Seen und Flüssen bedroht.

6 Übe mit dem Text einen guten Lesevortrag.

7 In dem Text fehlt die Zeichensetzung. Damit du einen guten Lesevortrag halten kannst, musst du sie ergänzen.
- Lies den Text langsam durch.
- Schreibe dir jeweils einen Satz auf.
- Markiere die Stellen, an denen du eine Pause machen möchtest.
- Unterstreiche die Wörter, welche du besonders betonen möchtest.
- Markiere Stellen, an denen du Blickkontakt zu deinen Zuhörern herstellen möchtest.

8 Wenn du gut geübt hast, suche dir einen Partner und probe deinen Vortrag.

Die Präsentation

9 Sprecht bei eurem Referat so viel wie möglich frei und veranschaulicht euren Vortrag mit dem Material, das ihr angefertigt und gesammelt habt.

10 Gebt euren Zuhörern einen Hörauftrag, z. B.:
- Wie lange trägt das Weibchen?
- Welche Feinde hat mein Tier?

11 Entwerft ein Quiz oder ein Rätsel, das am Schluss beantwortet werden muss.

12 Tauscht euch anschließend über das Referat aus.
Überlegt, ob alle Punkte berücksichtigt wurden, welche Teile gut gelungen sind, was euch beeindruckt hat, …

Richtig lesen will gelernt sein

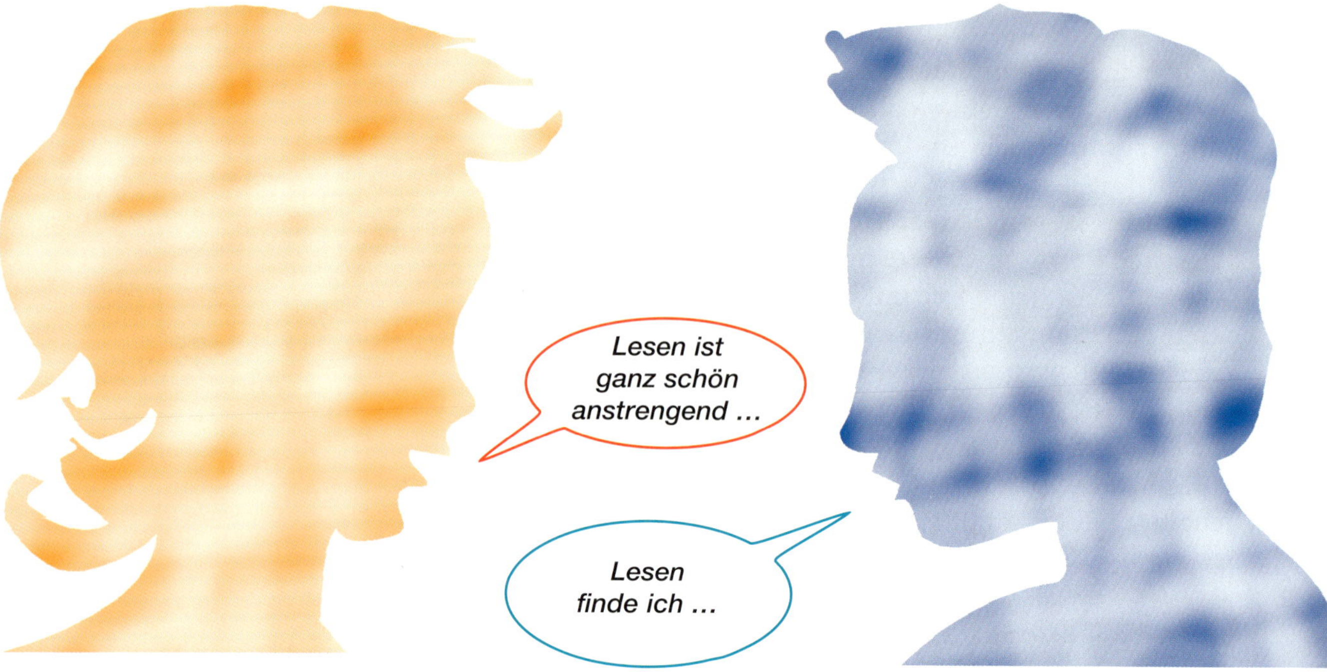

1 Wie geht es dir mit dem Lesen? Schreibe für dich mindestens drei Antworten auf.

2 Bildet Gruppen und tauscht euch aus. Haltet fest, worin ihr gleicher Meinung seid. Schreibt jede Meinung mit einem dicken Stift auf ein DIN-A5-Blatt.

3 Pinnt eure Blätter an eine Wand und heftet gleiche oder ähnliche Meinungen übereinander.

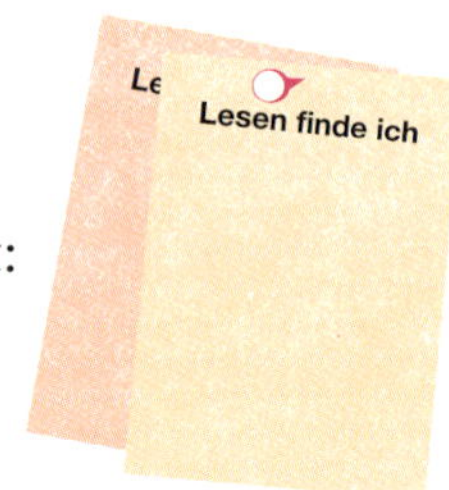

Sicher fallen dir Situationen ein, die du mit „Lesen" verbindest: du willst wissen, wann der Bus fährt, du möchtest heute Abend ins Kino gehen, du machst es dir gemütlich auf dem Sofa ...

4 Sammle möglichst unterschiedliche Situationen. Notiere.

5 Welche Texte nimmst du in diesen Situationen zur Hand? Ordne sie den Lesesituationen zu.

6 Welche Texte machen dir immer wieder Schwierigkeiten beim Lesen? Bringe ein Beispiel mit und stelle es einem Mitschüler vor.
- Wo liegen die Stolpersteine?
- Welche Tipps und Tricks kennt ihr?

Tauscht euch aus.

Lesehilfen: Inhaltsverzeichnis

Lesen ist in vielen Situationen nützlich.

Wie man erfolgreich liest, kann man lernen.

Inhaltsverzeichnisse helfen dir, dich in Büchern, Zeitschriften, Katalogen u. Ä. zurechtzufinden. Damit das schnell geht, musst du üben.
Hier ist das Inhaltsverzeichnis einer Jugendzeitschrift.
Beantworte alle Fragen schriftlich:

1 Auf welchen Seiten findest du Comics?

2 Wie heißt der Titel des Beitrags, in dem du etwas über Basketball erfährst?

3 Auf welchen Seiten findest du Anregungen zum Basteln?

4 Wo findest du etwas über Rote Riesen und Weiße Zwerge?

5 Du hast Spaß am Raten und Knobeln. Gibt es ein Angebot in diesem Heft?

6 Auf welcher Seite kannst du dich über den Inhalt des nächsten Heftes informieren?

7 Du hast Interesse an Tieren. Auf welchen Seiten findest du etwas darüber?

8 Suche dir einen Partner und stellt euch gegenseitig ähnliche Aufgaben wie 1 bis 7.

9 Bringt Inhaltsverzeichnisse aus unterschiedlichen Texten mit. Vergleicht sie. Nennt Gemeinsamkeiten und Unterschiede.

10 Stellt euch gegenseitig Aufgaben wie in Aufgabe 1 bis 7 zu den mitgebrachten Inhaltsverzeichnissen.

11 Lege selbst ein Inhaltsverzeichnis an. Nimm dazu deinen Biologie-, Erdkunde- oder Geschichtsordner.

12 Schlage nach:
Impressum, Editorial, UNICEF
Erkläre der Klasse.

Lesehilfen: Register

Im Register eines Kochbuches …

Bearbeite die folgenden Fragen zunächst allein. Schreibe auf. Suche dir dann einen Partner. Tauscht euch aus und erklärt, wie ihr vorgegangen seid.

1 Du möchtest zum Frühstück einladen. Auf welchen Seiten findest du Rezepte?

2 Welche unterschiedlichen Reisgerichte gibt es? Erkläre, wie du vorgegangen bist.

3 Du wirst nach einem Rezept für einen Nudelsalat gefragt. Achtung: Die Seitenangaben findest du unter unterschiedlichen Buchstaben. Erkläre, wie du suchst.

4 Du suchst das Rezept für „Arme Ritter“. Unter welchen Buchstaben kannst du suchen?

5 Für ein Faschingsbuffet werden lustige Gerichte gesucht. Welche suchst du aus?

6 Stelle ein Buffet zu einem Thema zusammen. Welche Getränke und Speisen passen zusammen?

7 Deine Tante kommt zu Besuch. Sie lebt sehr gesund. Was kannst du ihr anbieten?

8 Besorgt Sachbücher zu euren Hobbys. Stellt sie euch in Partnerarbeit vor. Vergleicht die Register.

9 Schlage im Lexikon „Register“ nach. Erläutere der Klasse.

Vermutungen anstellen

In manchen Grundschulen Berl___ werden ___ einem Tag ___ Woche Vorlesez___ten angeboten, dann ___sen Lehrerin___ ___ Lehrer ___nderen aus B___ern ___, die sie mögen.

1 Versuche diesen Satz zu lesen.

2 Lest ihn in Partnerarbeit vor. Erzählt euch, wie ihr die Wörter herausgefunden oder ergänzt habt.

3 Sprecht in der Klasse über eure Lösungswege.

4 Schreibe selbst einen Satz mit ähnlichen Lücken. Benutze auch den Computer.

5 Tauscht eure Sätze in Partnerarbeit aus, lest euch die vervollständigten Sätze vor. Überprüft, ob ihr ähnlich vorgegangen seid wie in Aufgabe 1.

Büffeljäger

Vom amerikanischen Büffel oder Bison hing das Leben der Prärieindianer ab. Jeder ___ kannte Zeremonien, um die Bisonherden in das eigene Gebiet zu lenken. Nur im ___ fanden gemeinsame Jagden statt. War eine Herde aufgespürt, wurde sie nach bestimmten Regeln ___. Die Jäger trieben die Bisons über die Klippen, ___ sie mit Pfeil und Bogen oder vom Pferd aus mit dem Speer. Bei der Einzeljagd im Winter konnten sie auch Bisons erlegen, die im Schnee ___ mehr vorankamen. Die Indianer hatten für alle ___ der Bisons Verwendung. Aus den Häuten machten sie Kleider und Zelte, aus den ___ schnitzten sie Löffel, aus den Knochen Geräte und Spielzeug. Die Mägen wurden als Töpfe ___, die Hufe zu Rasseln und Leim verarbeitet.

Stamm, Stall
Sonne, Sommer
eingekreist, eingekauft
erlegten, erlebten
dicht, nicht
Pfeile, Teile
Hörnern, Körnern
verschwendet, verwendet

6 Lies den Text.

7 Bildet Gruppen. Erzählt euch, was ihr von dem Text verstanden habt. Tauscht euch darüber aus, wie ihr die Lücken gefüllt habt.
- Sprecht möglichst genau darüber, was ihr gemacht habt.
- Begründet, warum ihr das eine Wort gewählt und das andere verworfen habt.
- Lest dazu die entsprechenden Textstellen oder Wörter vor.

8 Schreibe aus einem Sachbuch einen kurzen Text ab. Lösche einzelne Wörter, schreibe an den Rand des Textes zwei Wörter zur Auswahl. Benutze zum Schreiben auch den Computer.

9 Schreibe einen Satz, in dem einzelne Buchstaben nicht lesbar sind.

10 Tauscht eure Texte aus und lest sie euch gegenseitig vor.

Genaues Lesen: Katzenwäsche

Viele Säugetiere „lecken ihre Lippen“, um Nahrungsreste um die Mundpartie herum zu entfernen. Die Zunge reinigt und desinfiziert mit Spucke, aber sie erreicht nicht den ganzen Körper. Die Katze leckt daher über die Vorderpfoten und befeuchtet sie mit Spucke, dann säubert sie mit der Pfote Hals, Ohr, Auge und Schnurrbart.

Die Katzenzunge bürstet das Fell, die kleinen Schneidezähne der Katze zupfen wie eine Pinzette abgebrochene und lockere Haare, abgestorbene Haut, anhaftenden Schmutz und Parasiten aus. Die Vorderpfoten kommen meist am Schluss dran, da mit ihnen andere Körperteile (z.B. das Gesicht) gereinigt werden.

Die Pflege der Pfoten ist besonders wichtig, denn bei einem Raubtier wie der Katze hängt das Überleben in der Wildnis auch von gesunden Beinen ab. Zuerst werden die Fußsohlen der Hinterpfoten vom Schmutz befreit, die Krallen werden ausgefahren und auf noch anhaftende Beutereste untersucht.

Dies ist die typische Haltung einer sich putzenden Katze. Dabei wird ein Bein hochgestreckt, damit Bauch- und Afterregion besser erreichbar sind. Kot- und Urinreste werden säuberlich entfernt.

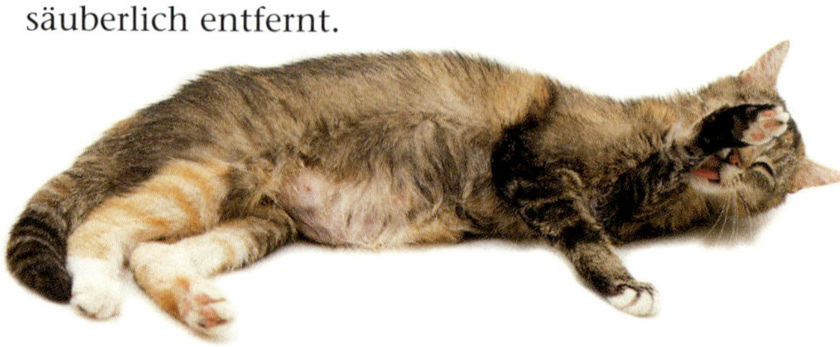

1 Zu jedem Bild gehört ein Text.
Betrachte die Bilder, lies die Texte genau. Ordne dann zu.

2 Wähle eine Kombination aus, von der du ganz sicher bist, dass Bild und Text zusammengehören. Schreibe heraus, woran du das erkannt hast.

3 Gib jedem Text eine Überschrift, mit der du etwas über die Körperhaltung der Katze aussagst.

4 Suche dir einen Partner, der die andere Aufgabe gelöst hat. Stellt euch eure Ergebnisse vor.

5 „Katzenwäsche“: Kläre die übertragene Bedeutung und ergänze die Sammlung aus dem Kapitel „Lebensort Schule“, Seite 5.

Genaues Lesen: Freunde

Drei Freunde beschließen eine Fahrradtour zu machen: Herr Hahn zu Gockelstein, Fräulein Hamster und Frau Schwein vom Wege. Natürlich sitzt Herr Hahn auf dem Lenker, Fräulein Hamster begnügt sich mit dem linken Pedal. Ob das rechte Pedal Frau Schwein bequem sein wird? Los geht's! Sie starten früh am Abend, wenn die Luft noch frisch ist. Der Weg ist weit und sie werden nicht vor Dunkelheit heimkehren. Zum Glück ist das Fahrrad mit einem Dynamo ausgestattet. Gute Fahrt!

Drei Freunde beschließen eine Fahrradtour zu machen: Herr Hahn zu Gockelstein, Fräulein Maus und Frau Schwein vom Wege. Natürlich sitzt Herr Hahn auf dem Lenker, Fräulein Maus begnügt sich mit dem linken Pedal. Ob das rechte Pedal Frau Schwein bequem sein wird? Los geht's! Sie starten früh am Morgen, wenn die Tanne noch frisch ist. Der Weg ist weit und sie werden nicht vor Dunkelheit heimkehren. Zum Glück ist das Fahrrad mit einem Rücklicht ausgestattet. Gute Fahrt!

Drei Freunde beschließen eine Fahrradtour zu machen: Herr Hahn zu Gockelstein, Fräulein Maus und Frau Schwein vom Wege. Natürlich sitzt Herr Hahn auf dem Lenker, Fräulein Maus begnügt sich mit dem linken Pedal. Ob das rechte Pedal Frau Schwein bequem sein wird? Los geht's! Sie starten früh am Morgen, wenn die Luft noch frisch ist. Der Weg ist weit und sie werden nicht vor Dunkelheit heimkehren. Zum Glück ist das Fahrrad mit einem Dynamo ausgestattet. Gute Fahrt!

1 Welcher Text passt zu dem Bild? Lies genau und entscheide dich.

2 Tauscht euch in einer Gruppe darüber aus, wie ihr euch entschieden habt. Begründet, indem ihr die entsprechenden Textstellen zitiert.

Damit du den Inhalt eines Textes richtig verstehst, musst du **genau** lesen. Dabei kommt es manchmal auf ein einzelnes Wort an. Genaues Lesen kannst du lernen, wenn du es übst.

3 Stellt in der Klasse ein Buch mit Aufgaben zum genauen Lesen für eine andere Klasse her. Jede/r von euch erstellt ein Blatt: Ein Bild/Foto/..., dazu drei kleine Texte, einer ist fehlerfrei, die beiden anderen enthalten bis zu drei nicht auffällige Fehler.

4 Erprobt die Leseaufgaben in der Klasse.

5 Formuliere einen Arbeitsauftrag für die Leseaufgaben.

6 Stelle für dein Blatt eine Lösungshilfe zur Selbstkontrolle her.

Informationen aus Texten entnehmen: Ferienpass

Im Ferienpass findest du jede Menge Anregungen für interessante Veranstaltungen in den Ferien. Um sie nutzen zu können, musst du dich sehr gut in dem Ferienpass auskennen. Anders ausgedrückt: Du musst gut lesen können. Auf den nächsten beiden Seiten kannst du das üben.

1 Informiere dich unter der Internetadresse www.jugendkulturservice.de über den Ferienpass.

G
Galopprennbahn Hoppegarten 117,118
Gärten der Sinne 39
Gemäldegalerie und Studio MP 81
Golfanlage Groß Kienitz 129,130
GRIPS Theater 69,87,101
Grünauer Wassersportmuseum 14

H
Hansa-Park 45
Haus Natur und Umwelt 10,35,41,131,132
Hertha BSC 55
Hobby-Eck 73,95

I
IMAX-Theater 109,110
Internet-Café easyEverything 111,112

J
Jugend im Museum e.V. 63,85
JugendKulturService 5,7,8,115,117,138
Jugendmuseum im Schöneberg Museum 0,79
Jugendverkehrsschule Friedrichshain 43
Juniormuseum im Ethnologischen Museum 79,91,93
Juventus 15

K
Kangaroos Land 129,130
Kart-Bahn Templiner Ring in Templin 17
Kart-World am Juliusturm 129,130
KEKK 27,57,71,75,93
Kerzenzieherei 71
Kids & Co. 27,39,51,61
Kiek Mal Programmzeitung für Kinder 19
KI.KA 39
Kinder- und Jugendtheater 20,105,106
Kinderbauernhof „Mümmelmann“ 33
Kinderbauernhof Erkner 53
Kinderfilm e.V. 109,110
KinderfilmFest der Internationalen Filmfestspiele 87
KinderkinoBüro 7,107,108
KinderMusikTheater e.v. 121,122
Kindersprachclub 18
Kleingolfzentrum Marzahn 131,132
Kneifzange – Berliner Kabarett-Theater 22
Konzerthaus-Schauspielhaus am Gendarmenmarkt 22
Köpenicker Kanusportclub e.V. 47
Kreafithaus „Athene“ 23,82,95
Kreuzberger Festliche Tage 113,114
Kriminaltheater 22
Kulturforum 25

L
Labyrinth Kindermuseum 8,53,61
Landesinstitut für Schule und Medien 18
Leipziger Messe GmbH 91

M
Malschule Klax e.V. 49,59,61,77,91
Märkisches Landbrot GmbH 59
Märkisches Museum 14
Maxim-Gorki-Theater 21
Mercedes-Benz MobileKids Tour 8
MondLichtFest 7,107,108
MOSAIK_Redaktion 61
Museum Ephraim-Palais 14
Museum für islamische Kunst im Pergamonmuseum 63
Museum für Kommunikation 35,45
Museum für Naturkunde 10,57,75,91,115,116
Museum für Kindheit und Jugend 14,41,71,73
Museum Knoblauchhaus 14
Museumshof Düppel 14
Museumspark Rüdersdorf 23,75

N
Natur-Workshop im Botanischen Garten 31,43
Nestlé Chocoladen-Werk 25,37
Neuköllner Oper 21,55

O
Oekohof Garzau 49

P
Paint your Style 131,132
Plakat-Industrie 99
Preussenpark 127,128
Puppentheater-Museum 53,57,85

R
radio EINS 2,79,97
Reederei Riedel 121,122
Reitsportverein Köpenick 31,35
Relax 127,128

S
Serengeti-Park 51
Sonnenuhr e.V. 8
Sportcenter am Airport Tegel 127,128
Sportcenter Wittenau 127,128
Sportforum Kleinmachnow 129,130
SportJugendClub Hohenschönhausen 25
Sportjugendclub Marzahn 93
SportJugendClub „Wilde Hütte“ 51
Sport Oase 127,128
Sportservice des Senats 15
Sportstudio SLX 17

Sch
Schatzinsel Kreuzberg 121,122
Schöneberg Museum/Jugendmuseum 10,79

St
Staatliche Museen zu Berlin Preußischer Kulturbesitz 25,63,65,67,81,83,87
Stadterkundungsbüro FIPP e.V. 27,99
Städtische Kunsteisbahnen 6
Stadtmuseum Berlin 14

2 Dies ist ein Auszug aus dem Register des Ferienpasses. Suche, welche Angebote und Orte aufgeführt sind.

3 Du möchtest in ein Museum. Auf welchen Seiten findest du dazu etwas?

4 Du interessierst dich für die Natur. Unter welchen Buchstaben suchst du? Erprobe verschiedene Möglichkeiten.

5 Du willst sportlich aktiv werden. Überlege, unter welchen Buchstaben du suchen kannst. Finde heraus, welche Sportarten genannt werden. Vergleiche mit einem Partner.

Computerkurse im Vergleich

6 Lies beide Angebote. Welches gefällt dir spontan besser? Sprecht in einer Gruppe darüber.

7 Vergleicht die beiden Angebote:
- Was kann man lernen?
- Voraussetzungen?
- Kosten? Anmeldung?

Arbeitet in Partnerarbeit.

8 Halte die Ergebnisse von Aufgabe 7 schriftlich fest. Entscheide, in welcher Form: Tabelle …

JUCO die Cids!-Computerschule

COMPUTER UND FERIENSPAß BEI CIDS!

In unseren Trainingskursen für die Einsteiger, den IT-Workshops für alle mit Grundkenntnissen oder auch unseren IT-Specials findet jeder für sich das Passende. Für diesen Scheck könnt ihr insgesamt 4 Ferienkurse bzw. -workshops bei uns besuchen.
Ihr könnt ihn für die Sommerferien und dann noch einmal für die Herbstferien verwenden. Auch im folgenden Jahr gilt dieser Scheck noch weiter für die Winter- und Osterferien.
Bei Vorlage des Super-Ferien-Passes erhaltet ihr eine Ermäßigung auf die reguläre Teilnahmegebühr im Höhe von jeweils 10 Euro.
Nähere Informationen und Anmeldungen bei der Cids! gemeinnützige GmbH, Tel.: 46 77 80 00

FUTUREKIDS

FUTUREKIDS-COMPUTERCENTER FÜR KINDER

Ferienkurse für Kinder (6-14 Jahre)
Mit viel Spaß und Spannung werden für Anfänger und Fortgeschrittene 6-stündige Ferienkurse z. B. Comic-Erstellung, Homepageprogrammierung, Schreibmaschinenkurse und vieles mehr im Futurekids-Center angeboten. Einfach anrufen, wir beraten euch gerne.
Ermäßigung für Super-Ferien-Pass-Inhaber: 10 € Ermäßigung für einen Ferienkurs.
Futurekids Steglitz, Unter den Eichen 54, 12203 Berlin, Tel. 84 10 87 80

Kino/Theater

9 Schwierige Begriffe machen das Lesen schwer. Suche Wörter heraus, deren Bedeutung du nicht kennst. Klärt sie in der Klasse.

10 Umschreibe mit deinen Worten: Tagespresse, Freiluftkino, Abendkasse, Saison, Reservierung. Lasse deinen Nachbarn raten, welchen Begriff du umschreibst.

11 Was erfährst du über die Eintrittspreise von Kino und Theater? Notiere.

12 Du möchtest das Programm der Kinos und Theater erfahren. Wie kannst du dich informieren? Schreibe auf.

13 Du möchtest eine Karte vorbestellen. Auf welche Weise ist das möglich? Schreibe heraus.

UCI KINOWELT MARZAHN „LE PROM"

uci KINOWELT

Bei Vorlage des Super-Ferien-Passes in allen Vorstellungen am Mittwoch und Donnerstag 0,50 € Ermäßigung.
Nicht gültig bei Sonderveranstaltungen und -aktionen.
Märkische Allee 176-178, 12681 Berlin, Kartenreservierung: 12-21 Uhr, Tel. 93 03 02 60

FREILUFTKINO FRIEDRICHSHAIN IM VOLKSPARK FRIEDRICHSHAIN

freiluftkino friedrichshain

30 % Rabatt für Super-Ferien-Pass-Inhaber!
Mit dem Super-Ferien-Pass könnt ihr jede Vorstellung im Freiluftkino Friedrichshain während der ganzen Saison vom 15. Mai bis 8. September mit 30 % Ermäßigung ansehen.
Das Programm findet ihr in allen Zeitungen sowie unter der telefonischen Programmansage 29 36 16 29 und im Internet unter www.freiluftkino-berlin.de
Reservierungen sind nicht notwendig.

MAXIM-GORKI-THEATER

Schüler erhalten während der Ferien an der Abendkasse des MAXIM GORKI THEATERS Karten für 2,50 € (soweit noch vorhanden)
Maxim Gorki Theater, Am Festungsgraben 2, 10117 Berlin, Tel. 20 22 11 29; www.gorki.de

GORKI

FÜR 6 EURO IN DIE NEUKÖLLNER OPER

Gegen Vorlage des Super-Ferien-Passes bezahlt ihr nur 6 € und bekommt die besten der noch vorhandenen Plätze.
Für Kinderveranstaltungen bezahlt ihr sogar nur 2,50 €.
Vorbestellungen: Tel. 68 89 07 77 oder per E-Mail: ticket@neukoellneroper.de; www.neukoellneroper.de
Neuköllner Oper, Karl-Marx-Straße 131-133, 12043 Berlin

NEUKÖLLNER OPER

14 Ihr habt jetzt viel zu dem Thema „Lesen" gearbeitet. Lest euch noch einmal die Zettel auf eurer Pinnwand von Seite 44 durch. Ergänzt.

Bücher sind zum Lesen da

Viele Geschichten gibt es inzwischen sowohl als Buch als auch als Film, Comic, Hörbuch oder Hörspielkassette.

1 Bringt eine Geschichte, die auch als Film, Kassette, … erhältlich ist, mit und stellt sie in der Klasse vor.

2 Was gefällt euch besonders an Filmen, Büchern, Kassetten, …? Führt ein Klassengespräch.

Ich finde gut , dass es in Filmen mehr „Action“ als in Büchern gibt.

Rechtschreiben → S. 148

Eine **Konjunktion** (Bindewort) verbindet in Satzgefügen den Hauptsatz mit dem Nebensatz. Ein durch die Konjunktion „dass“ eingeleiteter Nebensatz wird vom Hauptsatz durch ein Komma abgegrenzt. Häufig stehen „dass“-Sätze nach Verben des Meinens und Denkens (*glauben, denken, meinen, finden, wissen, überzeugt sein*).

glauben
denken
meinen
finden

Lesen ist langweilig.

Nach einem guten Film habe ich Lust das Buch zu lesen.

Hörbücher kann man auch mal mit einer Freundin hören.

Beim Lesen entstehen spannende Bilder im Kopf.

3 Verbinde die Verben mit passenden Sätzen nach folgendem Muster zu Satzgefügen: *Ich glaube, dass …*

4 Schreibe die Satzgefüge auf und markiere das Komma und die Konjunktion.

Lesegewohnheiten

Am liebsten lese ich Sachbücher aus der Reihe „Was ist was?".

Ich lese nicht in Büchern, sondern nur im Internet.

Mich interessieren Geschichten, in denen Pferde vorkommen.

TIPP
Du kannst auch mehrere Zettel schreiben.

1 Welche Lesegewohnheiten hast du?
Schreibe dazu einen Satz auf einen Zettel:
Ich lese gerne …
Mich interessieren besonders …
Gut finde ich …

2 Heftet die Zettel an die Tafel und ordnet sie. Findet passende Oberbegriffe: Sachbücher, Jugendbücher, Zeitschriftentexte …

3 Wertet die Ergebnisse aus: Was lesen die Kinder eurer Klasse am liebsten/nicht so gerne? Sprecht auch darüber, warum manche Kinder überhaupt nicht lesen.

4 Findet euch in Gruppen von Jugendbuchfans zusammen.
Überlegt, was ihr an diesen Büchern besonders spannend findet.
Verfasst ein Werbeplakat, mit dem ihr andere von euren Lieblingsbüchern überzeugen könnt.

5 Wenn du gerne Sachbücher liest, notiere, welche Themen dich besonders interessieren. Besorge dir in der Klassen-, Schul- oder Stadtbibliothek ein Buch zu diesem Thema und erkläre deinem Tischnachbarn, worüber dieses Buch informiert.

6 Verwandelt euch in eine „lesende Klasse". Sammelt Ideen, die zum Lesen anregen können und setzt sie in den nächsten Wochen um.
- Ihr könnt euch in den kleinen Pausen gegenseitig vorlesen (Zeitungsmeldungen, Werbung, Hausaufgaben, Buchkapitel …).
- Wie wäre es mit einem „Lesefest", auf dem ihr euch gegenseitig vorlest, Bücher tauscht oder vorstellt?
- …

Bücher finden

1 Welche Möglichkeiten nutzt ihr um Bücher zu finden, die euch interessieren? Berichtet.

Eine große Auswahl an Buchempfehlungen findet ihr z. B. in Verlagsprospekten und Auswahllisten.

KINDERBUCH

Amy MacDonald
Nie wieder fies
205 S.
Ill. v. Cat B. Smith
Freies Geistesleben
€ (D) 14,50/sFr 25,20/
€ (A) 15,00
ISBN 3-7725-1663-7

Das ist nicht möglich! Simon traut seinen Augen kaum. Ausgerechnet seine exzentrische Großtante übernimmt die Vertretung für seine Klassenlehrerin. Wie peinlich! Aber Matildas unkonventionelle Art, ihre originellen Unterrichtsmethoden, die nicht selten das Kollegium an den Rand der Verzweiflung bringen, zähmen die wilde Klasse, die an der gesamten Schule als absoluter Albtraum bekannt ist. Ein herrliches, amüsantes Buch für alle Schulgeplagten ab 10.

SACHBUCH

Robin Kerrod
Raubvögel
mehr als 180 Farbfotos
64 S.
Kosmos
€ (D) 12,90/sFr 17,30
€ (A) 13,30
ISBN 3-440-09291-7

Raubvögel faszinieren die Menschen seit jeher. Majestätisch, lautlos und wachsam kreisen sie in der Luft, um sich dann pfeilschnell zu Boden zu stürzen und ihr Beutetier zu greifen. In diesem Band lernen Kinder die eindrucksvolle Welt der Greifvögel und Eulen, ihre Lebensweise und ihr Verhalten kennen. Mit über 180 herausragenden Fotos, zum Teil aufsehenerregenden Nahaufnahmen sowie umfassenden Informationen. Ein Buch zum Schmökern, Blättern und Nachschlagen.
Ab 10

2 Lies die Buchempfehlungen.
- Für wen sind die Texte zu den Titeln geschrieben? Begründe.
- Welche einzelnen Angaben zu den Büchern kannst du entnehmen (Autor, Titel, Verlag, Illustrationen, Preis, Altersempfehlung, Seitenumfang, sonstige)?
- Welche dieser Angaben sind unbedingt notwendig, wenn ein anderer über ein Buch informiert werden soll? Begründe.

3 Bildet Kleingruppen. Besorgt für eure Klasse in Buchläden und Bibliotheken verschiedene Verlagsprospekte und Auswahllisten.

4 Wählt in der Gruppe mindestens zwei unterschiedliche Verzeichnisse aus. Überprüft, wie die Verzeichnisse gegliedert sind.

5 Forsche in den Katalogen nach Buchtipps, die dich neugierig machen. Notiere die Buchtitel mit allen wichtigen Angaben.

6 Fertigt eine Liste mit den Wunschbüchern der Klasse an und lasst euch mithilfe der Liste in einer Stadtbibliothek eine Bücherkiste mit euren Lesewünschen zusammenstellen.

7 Gestalte mit der Liste deinen Bücher-Wunschzettel für Freunde und Verwandte.

Bücher empfehlen

1 Wähle dir ein Buch, das du deinen Mitschülern empfehlen möchtest.

2 Welche Informationen sind für einen Buchtipp wichtig und interessant? Einigt euch in der Klasse auf wichtige Punkte und notiert das Ergebnis an der Tafel.

3 Überlege, womit du dein Buch außerdem für andere interessant machst:
- So bin ich auf das Buch aufmerksam geworden …
- Das Thema ist …
- Spannende Textstellen findet man auf den Seiten …
- Besonders gefallen hat/haben mir …
- …

4 Notiere die Ergebnisse aus den Aufgaben 2 und 3 als Checkliste im Heft.

5 Schreibe einen Buchtipp für deine Mitschüler. Nutze deine Checkliste.

6 Stellt euch eure Bücher in Kleingruppen gegenseitig vor.

7 Beantwortet in der Gruppe folgende Fragen:
- Hast du Lust das Buch zu lesen? Begründe.
- Wurden wichtige Punkte der Checkliste berücksichtigt?

8 Sammelt eure Lesetipps und gebt sie als Broschüre heraus.

9 Legt mit euren Buchtipps eine Lesetipp-Kartei für die Klasse an. Sammelt eure Lesetipp-Karten in einem Karteikasten. Einigt euch, wie ihr die Karten ordnen wollt.

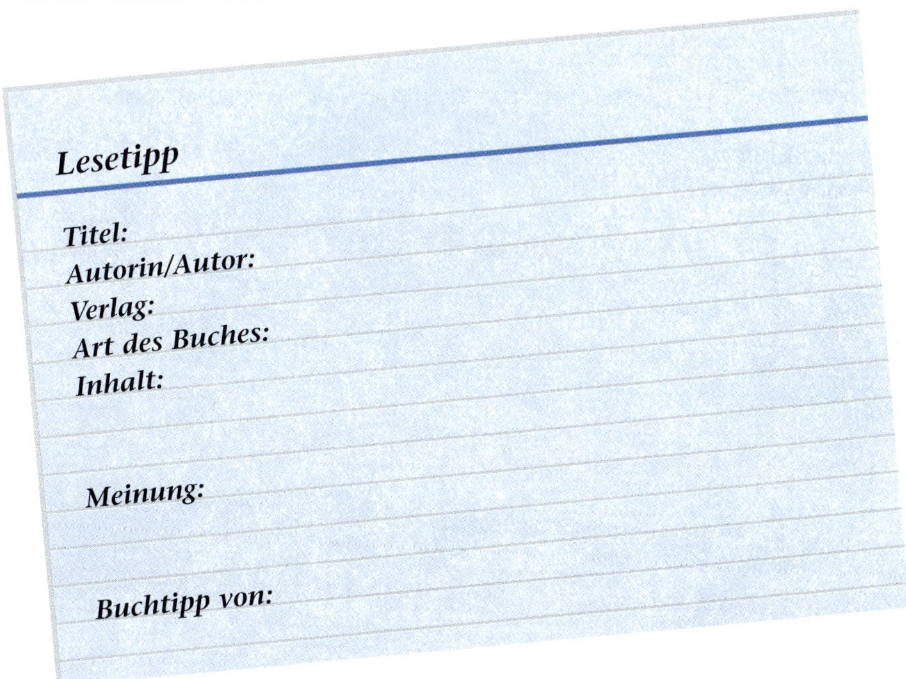

Lesetipp

Titel:
Autorin/Autor:
Verlag:
Art des Buches:
Inhalt:

Meinung:

Buchtipp von:

Gemeinsam lesen

Manchmal ist es auch schön, ein Buch mit mehreren gleichzeitig zu lesen. Dann kann man sich zwischendurch über das Gelesene austauschen, Fragen klären oder sich einfach Bücher gegenseitig vorlesen.

1 Einigt euch in Gruppen auf jeweils ein Buch, das ihr gemeinsam lesen wollt.

2 Überlegt, wann und wie ihr das gemeinsame Lesen organisieren wollt.
- In der Pause kann man zum Lesen im Klassenraum bleiben.
- Auch zu Hause können Abschnitte gelesen und vorbereitet werden.
- Fragt eure Deutschlehrerin oder euren Deutschlehrer, ob ihr Lesestunden einplanen könnt, in denen jeder für sich liest.
- …

Das Lesetagebuch

Die Schüler der Klasse 5a haben sich darauf geeinigt, während des Lesens ihrer Bücher Lesetagebücher zu schreiben.

3 Was stellst du dir unter einem Lesetagebuch vor? Erkläre.

4 Lege dir ein Lesetagebuch an, in dem du deine eigenen Gedanken zum Buch festhältst.
Es kann dir helfen
- über das Gelesene nachzudenken und es besser zu verstehen,
- Fragen zu stellen und aufzuschreiben und
- dich später an den Inhalt und die Personen des Buches zu erinnern.

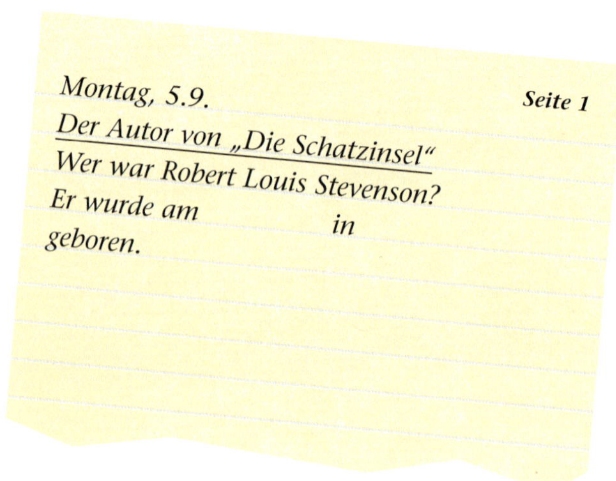

5 Überlegt euch Möglichkeiten für die Arbeit mit dem Lesetagebuch. Notiert diese an der Tafel.

Ideen für das Lesetagebuch:
- Textstellen abschreiben, die man besonders lustig, spannend, traurig oder seltsam findet
- Briefe an die Personen aus dem Buch schreiben und von einem Mitschüler beantworten lassen
- Kreuzworträtsel anfertigen
- Minilexikon schreiben, z. B. zu einem Tierbuch
- Lückentext zu einem Kapitel entwerfen
- Kapitel als Comic zeichnen und Sprechblasen einfügen
- Informationen zum Autor sammeln und aufschreiben
- ...

6 Schreibe die in Aufgabe 5 erarbeiteten Möglichkeiten in der Ich-Form auf die erste Seite deines Lesetagebuchs. Suche dir für jedes Kapitel eine davon aus. Du darfst eine Idee auch mehrmals verwenden.

Damit du dich später gut in deinem Lesetagebuch zurechtfindest und mit anderen gemeinsam arbeiten kannst, solltest du beim Führen des Lesetagebuchs einige Dinge unbedingt beachten:

- Verwende ein liniertes DIN-A5-Heft.
- Schreibe so, dass man deine Eintragungen gut lesen kann.
- Beginne deine Eintragungen mit dem aktuellen Datum und einer Überschrift.
- Wenn du etwas wörtlich aus dem Buch zitierst, schreibe das Zitat in einer anderen Farbe. Notiere dazu die Seitenzahl aus dem Buch in Klammern hinter das Zitat.
- Du kannst unterstreichen, was du besonders wichtig findest.
- Nummeriere die Seiten deines Lesetagebuchs.
- Lege ein Inhaltsverzeichnis an.

7 Tauscht die Lesetagebücher mit einem Partner aus. Schreibt einen Brief an den Verfasser des Lesetagebuchs, in dem ihr ihm sagt,
- was euch an seinem Lesetagebuch gut gefallen hat,
- welche Aufgaben ihr besonders originell fandet,
- worauf der Verfasser beim nächsten Mal achten sollte.

Feiern in aller Welt

1 Kennt ihr Feste, zu denen die Bilder passen? Tauscht euch in der Klasse aus.

2 Befragt Freunde, Verwandte und Nachbarn nach ihrem Lieblingsfest und sammelt die Ergebnisse der Klasse in einer Liste. Was stellt ihr fest?

3 Sucht Gegenstände oder Materialien, die für ein Fest typisch sind, und bringt sie mit.

4 Legt für jedes Fest einen Karton an und sammelt darin das mitgebrachte Material.

5 Bildet nun so viele Gruppen, wie Kartons entstanden sind. Verschönert eure Fest-Kiste, indem ihr sie bemalt, beklebt, …

6 Überlegt in der Gruppe, wie ihr das Material der Fest-Kiste euren Mitschülern präsentieren könnt. Nutzt unterschiedliche Möglichkeiten: Gestalten eines Fest-Tisches, Präsentieren im Sitzkreis, …

Feiern in der Welt

Drachenbootrennen – in China – haben – eine lange Tradition

die meisten Feste – die Bewohner Indiens – jährlich – feiern

kennen – ihren Geburtstag – weltweit – nicht alle Menschen

jedes Jahr – die japanischen Jungen – das Karpfenfest „Kodomono-hi" – erwarten

feiern – nicht in jedem Land – Weihnachten – man

einst – verschenken – der russische Zar – die teuersten Ostereier

1 Bilde aus den Satzgliedreihen mit den richtigen Personalformen der Verben Aussagesätze.

2 Schreibe die Sätze untereinander auf und lies sie einem Partner vor.

(Die Bewohner Indiens) (feiern) (jährlich) (die meisten Feste.)

(Jährlich) (feiern) (die Bewohner Indiens) (die meisten Feste.)

3 Umkreise in jedem Satz die Satzglieder und kennzeichne dabei das Prädikat farbig.

In Aussagesätzen steht das ___ immer an der ___ Stelle.

Grammatik → S. 140

4 An welcher Stelle steht das Prädikat? Ergänze die Regel. Bevor du sie in dein Heft schreibst, vergleiche mit Mitschülern.

5 Bilde nun aus jedem Aussagesatz eine Frage nach folgendem Muster:
Wusstest du, dass die Bewohner Indiens jährlich die meisten Feste feiern?

6 Kennzeichne in den Nebensätzen mit „dass" das Prädikat. Stellt in Partnerarbeit fest, wo das Prädikat in den Dass-Sätzen steht.

7 Formuliere eine Regel und übernimm sie in dein Heft.

Trung Thu – ein vietnamesisches Fest im Herbst

Jedes Jahr am 15. Tag des achten Mondmonats gehen vietnamesische Kinder und Jugendliche mit Sternenlaternen zu einem Umzug durch die abendlichen Straßen. Diese Feierlichkeit mitten im Herbst zeigt die Schönheit des Mondes, der in dieser Jahreszeit heller und weißer strahlt als sonst. Die Laternen stellen die Helligkeit des Mondes dar, weil sie Licht in die dunkle Jahreszeit bringen.
An Trung Thu tragen die Kinder eine große Auswahl an Masken. An den Verkaufsständen wird eine Vielfalt an Spielzeug und Dekoration angeboten. Zum Trung-Thu-Fest gehören die Mondküchlein, welche kleinen Kuchen mit süßer Füllung ähneln. Eine schöne Gewohnheit ist, dass man der Toten gedenkt. Es wird für sie gebetet. Dabei zündet man Räucherstäbchen an und als Erinnerung verbrennt man Spielgeld. Das bedeutet Glück und gelangt durch den Rauch zu den Verstorbenen.

1 Zu welchen euch bekannten Festen könnt ihr Ähnlichkeiten feststellen? Sprecht in der Klasse darüber.

2 Gestalte zum Trung-Thu-Fest eine „Visitenkarte“, indem du zu den folgenden Stichworten Informationen sammelst:
- Zeitpunkt des Festes
- Anlass des Festes
- typische Speisen
- Symbole
- Ablauf
- Besonderheiten

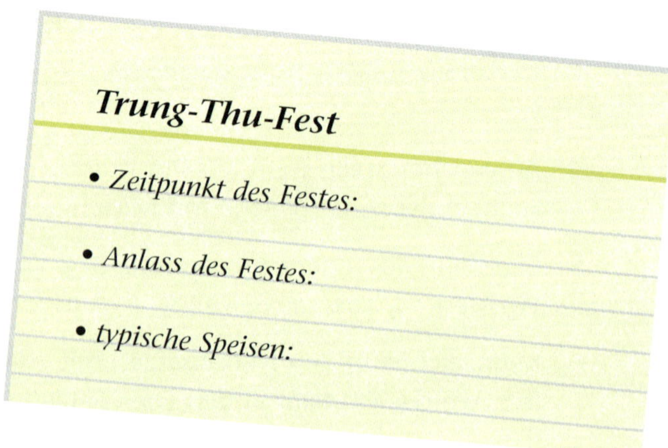

3 Bildet Gruppen und gestaltet zu weiteren Festen Visitenkarten, die Informationen zu den Stichworten aus Aufgabe 2 enthalten.

4 Klebt alle Visitenkarten in ein Fest-Buch.

Wörter bilden

Er mann nis

Er leb schaft

Er schön ung

Wart heit

1 Hier ist etwas durcheinander geraten. Bilde aus den Wortbausteinen sinnvolle Nomen.

Die **Wortbausteine**, die du benutzt hast, heißen:

Vorsilbe (Präfix)	Wortstamm	Endung (Suffix)
Er	*wart*	*ung*

Grammatik → S. 130

2 Suche aus dem Text von Seite 60 mindestens zehn Nomen heraus und kennzeichne die einzelnen Wortbausteine farbig.

bescher acht feierlich nis
wag vermut ung
gesund wahr keit
geheim heit
sauber schön

3 Setze die Wortstämme mit passenden Endungen zusammen und schreibe die Wörter auf.

4 Kontrolliere mit einem Partner. Achtet besonders auf die Rechtschreibung am Wortanfang.

5 Übertrage die Tabelle in dein Heft, ergänze die Spalten mit weiteren Wortbausteinen.

6 Formuliere eine Rechtschreibregel für Wörter, die auf „-heit", „-keit", „-ung" und „-nis" enden, und schreibe sie auf.

7 Suche mit einem Partner weitere Nomen mit diesen Endungen.

8 Übernimm schwierige Wörter in deine Wörterkartei.

9 Entscheide, welche Wörter du üben möchtest. Wenn du sicher bist, übernimm sie in dein Wörter-Buch.

10 Finde Adjektive, die aus Wortbausteinen zusammengesetzt sind. Schreibe sie auf und markiere die Endungen.

Holi – hinduistisches Fest im Frühling

Holi ist ein hinduistisches Fest und wird Anfang März am Tag des Vollmondes in Indien gefeiert. Viele Geschichten umranken das Fest. In der Nacht vor Holi werden riesengroße Freudenfeuer angezündet, um an Prahlad zu erinnern. Prahlad war der Sohn von König Hiranyakashyap. Weil Prahlad sich weigerte den König als Gott zu verehren, sollte er getötet werden, doch er überlebte das Feuer, in das man ihn führte.

Heute legen die Feiernden einen Ast, der Prahlad symbolisiert, ins Feuer und ziehen ihn dann schnell heraus. Damit zeigen sie, wie Prahlad vor dem Feuertod gerettet wurde. Am nächsten Morgen bestäuben, bespritzen und besprühen sich die Menschen mit Wasserfarben. Körper samt Kleidung ähneln einem Regenbogen. Nicht selten ist die Kleidung von sonnengelb über blutrot bis dunkelgrün gefärbt. Nachdem sich alle wieder gewaschen haben, wird in Ruhe mit der Familie gegessen.

1 Wie gefällt dir dieses Fest? Sprecht in der Klasse darüber.

2 Welche Feste kennt ihr noch, bei denen Feuer oder Farben eine große Rolle spielen? Tauscht euch in Gruppen aus und berichtet in der Klasse.

3 Haltet die Informationen zu weiteren Festen auf Visitenkarten fest und vervollständigt das Fest-Buch.

___ verzehrt, Wasser ernährt. Ohne ___ kein Leben.

Schreien löscht das ___ nicht. Wasser und ___ werden nicht Freunde.

4 Lies die unvollständigen Redewendungen. Ein Tipp: Es fehlt überall dasselbe Wort.

5 Besprich dich mit einem Partner. Ergänze das fehlende Wort und übernimm die Redewendungen in deine Sammlung von Seite 5.

6 Kennst du weitere Redewendungen mit dem Wort, das du eingesetzt hast? Stelle sie deiner Klasse vor.

N’cwala – das Erntedankfest in Sambia

Im Februar feiern die Ngonikrieger in Sambia das N’cwala-Fest. Das Fest beruht auf der Tradition der Ngoni, ihrem obersten Häuptling die ersten Früchte des Jahres zu bringen. Im Mittelpunkt des Festes steht der Tanz der verschiedenen Krieger.

1 Erst hebt M’sangombe sein rechtes Knie, hält den „N’kholi“ (den Stab) in die Höhe und den Schild weit vom Körper entfernt.

2 Er stampft mit dem rechten Fuß kräftig auf den Boden, geht in die Knie und zieht den „N’kholi“ und den Schild nahe an den Körper um sich zu schützen.

3 M’sangombe hebt das linke Knie und streckt dabei auch seinen „N’kholi“ nach oben.

4 Er stampft mit dem linken Fuß fest auf den Boden und bringt den „N’kholi“ und den Schild wieder nahe an seinen Körper.

1 Betrachte die einzelnen Tanzschritte. Lies die Erklärungen.

2 Bildet Zweiergruppen. Einer ist der Tanzlehrer, der andere der Tänzer. Stellt die Tanzschritte nach und kontrolliert euch gegenseitig.

3 Sucht euch eine weitere Zweiergruppe und stellt zusammen, was ihr für einen Tanz benötigt. Lest dazu nochmals die erläuternden Texte.

4 Entwerft in der Gruppe mit den Schritten einen Tanz. Sprecht euren Musiklehrer oder eure Musiklehrerin an, wenn ihr Hilfe benötigt.

5 Stellt euch die Tänze gegenseitig vor.

6 Sucht nach weiteren Festen, bei denen der Tanz im Mittelpunkt steht und gestaltet Visitenkarten für euer Fest-Buch.

Wissen aus dem WWW

Schon früh begannen unsere Vorfahren, sich miteinander zu verständigen. Einige der Möglichkeiten, welche die Menschen im Laufe der Geschichte erfanden, um Informationen zu bewahren und über weite Strecken zu transportieren, zeigen die Bilder.

1 Was wird auf den Bildern dargestellt?

2 Erarbeitet in der Gruppe passende Bilduntertitel und vergleicht eure Ergebnisse in der Klasse.

3 Ordnet die Bilduntertitel auf einem Zeitstrahl von den Anfängen bis zur Gegenwart. Was fällt euch bei dem zeitlichen Abstand der Erfindungen zueinander auf?

Entwicklung der Informationsübermittlung

300 000 v. Chr.	*3500 v. Chr*	....
Urmenschen:	*Tontafeln:*	....
Entwicklung der Sprache	*Schrift*	

4 Wenn du dich für das Thema interessierst, kannst du weitere Informationen sammeln und einen Zeitstrahl mit zusätzlichen Informationen für das Klassenzimmer gestalten.

1941 ....

Entwicklung des ersten Computers

com·pute [kəm'pjuːt] berechnen, errechnen
com·puter [kəm'pjuːtəʳ] Computer, Rechner
computer game Computerspiel
computer graphics *plural* Computergrafik
com·puter·ize [kəm'pjuːtəraɪz] **computerize something** etwas auf Computer umstellen *Firma, Methode;* etwas in einen Computer eingeben *Daten*
computer network Computernetzwerk
computer programmer Programmierer(in)

Die technische Entwicklung schreitet immer schneller voran. Als Geburtsstunde des Computers gilt der Bau von „Zuse 3" im Jahre 1941. Seinen Namen verdankt er seinem Erfinder Konrad Zuse. Zuse 3 wird der ursprünglichen Bedeutung des Begriffs „Computer" gerecht, weil er als reiner Rechner benutzt wurde. Er konnte addieren, subtrahieren, multiplizieren und dividieren sowie Quadratwurzeln ziehen. Die Rechengeschwindigkeit betrug 15 bis 20 Additionen pro Sekunde. Eine Multiplikation führte er in vier bis fünf Sekunden aus. Allerdings nahmen Computer damals sehr viel Raum ein. Der Computer „Mark I" des Amerikaners Howard H. Aiken aus dem Jahr 1943 war

- 16 m lang,
- 2,5 m hoch,
- 35 t schwer

und bestand aus

- 765 299 Einzelteilen,
- 2 204 Schaltvorrichtungen,
- 3 304 Relais,
- 175 000 Steckkontakten.

Heute gibt es Computer in vielen Variationen. Manche passen sogar in eine Tasche, können aber viel mehr als die ersten Geräte.

5 Wozu benutzt ihr einen Computer? Notiert.
Tragt eure Ergebnisse zusammen und ordnet sie in Gruppen, z. B. *Schreiben, Lernen, Spielen …*

6 Stellt fest, was in eurer Klasse am häufigsten genannt wird.

7 Ist das in anderen Klassen genauso? Starte eine Umfrage in eurer Schule.
Gibt es Gemeinsamkeiten oder Unterschiede?
Überlege, wie und wo du deine Ergebnisse präsentieren kannst.

Wer kennt sich aus im World Wide Web?

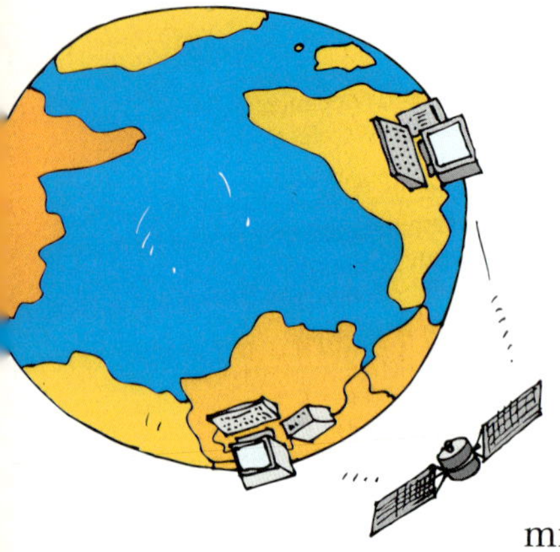

1 Diese Begriffe muss man kennen, um sich im Internet zurechtzufinden. Klärt sie in der Klasse.

W Internet, online, World Wide Web, Satellit, Link, Website, Surfen, Suchmaschine, Internet-Adresse

2 Setze die Begriffe in den Lückentext ein und übertrage ihn in dein Heft.

Millionen von Computern sind über Telefonleitungen und ___ miteinander vernetzt. Über dieses internationale Netzwerk können zu jeder Zeit auf der ganzen Welt Informationen ausgetauscht werden, wenn der Computer ___ , also an das ___ angeschlossen ist.
Millionen Menschen, die man nicht kennt, stellen ihre Ideen, Basteltipps, Lieblingsmusik, Fotos oder Forschungsergebnisse auf Internet-Seiten, auch ___ genannt, ins Netz.
Diese Seiten bilden das ___ und können über eine ___ aufgerufen werden. Oft kann man besonders markierte ___ anklicken, um weitere Informationen zu erhalten.
Das Springen von Seite zu Seite nennt man auch ___.
Um aus dieser riesigen Menge von Informationen die gewünschte zu finden, nutzt man ___.

3 Übernimm schwierige Wörter in deine Wörterkartei.

4 Entscheide, welche Wörter du üben möchtest. Wenn du sicher bist, übernimm sie in dein Wörter-Buch.

5 Lege ein Computer-Abc mit weiteren Wörtern an.
Denke daran, dass viele Computerbegriffe aus dem Englischen kommen und deshalb anders geschrieben als gesprochen werden.
Nutze ein Englischwörterbuch.
Schreibe eine Erklärung zu Begriffen, die dich besonders interessieren oder die du wichtig findest, auf.

Den Informationen auf der Spur

Auf Seite 65 habt ihr Zuse 3 kennen gelernt.
Arbeitet nun in Gruppen:

TIPP
Welche Regeln bei der Gruppenarbeit wichtig sind, könnt ihr auf Seite 71 nachlesen.

1 Informiert euch im Internet über den Erfinder Konrad Zuse. Gestaltet ein Plakat mit den Informationen, die ihr über ihn gefunden habt.

2 Informiert euch im Internet über die Entwicklung des Computers von Zuse 3 bis heute. Gestaltet ein Plakat mit den Informationen, die ihr dazu gefunden habt.

3 Bevor ihr das Plakat gestalten könnt, müsst ihr viele Schritte erledigen.
Geht so vor:

a) Schreibt die Namen und die Adressen verschiedener Suchmaschinen auf.

b) Jede Gruppe wählt eine Suchmaschine aus, mit der sie arbeiten möchte. Legt vorher fest, wie lange ihr im Internet surfen wollt.

c) Es ist nicht immer einfach, geeignete Suchbegriffe zu finden. Sammelt mehrere Begriffe zu eurem Thema, die ihr als Suchbegriffe eingeben könnt.
Notiert die Anzahl der Ergebnisse/Treffer.

d) Prüft drei Angebote aus der Ergebnisliste.
Macht euch Notizen zu folgenden Fragen:

- Wie lautet die genaue Internetadresse?
- Ist der Verfasser angegeben?
  Die Antwort darauf verbirgt sich oft hinter Links wie „Wir über uns“, „Anbieter“, „Verantwortlich“, „Impressum“, „Team“ oder Ähnliche.
- Sind die Informationen kostenlos?
- Ist der Text für euch verständlich?
- Enthält er Informationen, die ihr für euer Plakat verwenden könnt?

e) Tauscht eure Erfahrungen beim Suchen aus. Wo gab es Schwierigkeiten? Welche Fragen sind noch offen? Klärt sie.

TIPP
Weitere Informationen zum Erstellen von Plakaten findet ihr auf Seite 100 und 101.

4 Finde Tipps für das clevere Formulieren von Suchbegriffen.

Spürnase für Wichtiges

Sicher habt ihr schon beim ersten Lesen der Texte im Internet gemerkt, dass es viele Informationen zu Konrad Zuse gibt. Jetzt ist eine Spürnase für Wichtiges gefragt!

1 Welche Texte haben eurer Prüfung standgehalten? Mit welchen wollt ihr euch näher beschäftigen? Tauscht euch darüber in der Gruppe aus.

Kai, Sandra, Mareike und Flo haben sich für diesen Text entschieden:

Konrad Zuse

Konrad Zuse wurde am 22. Juni 1910 in Berlin-Wilmersdorf geboren.
Er war ein leidenschaftlicher Erfinder von enormer Bedeutung für die Entwicklung der modernen Rechnertechnik.
Schon als Kind tüftelte er gerne und entwickelte als Zehnjähriger eine Treppenlichtschaltung aus Blech und Nägeln.
Ein Superschüler war er allerdings nicht. Er arbeitete immer nur so viel, dass er das Klassenziel erreichte. Eine Ausnahme bildete das Fach Mathematik.
Auch wenn er Pauken nicht für wichtig hielt, ging er nie den bequemen Weg, den alle gingen, sondern suchte nach eigenen Lösungen.
Von 1936 bis 1938 machte er seine elterliche Wohnung zur Erfinderwerkstatt. Dort baute er aus Altmaterial die Vorläufermodelle seines berühmten Computers. Im Deutschen Technikmuseum in Berlin kann man einen Nachbau eines solchen Modells besichtigen.
1941 entstand dann der erste funktionstüchtige Computer, der legendäre Z3, der im Zweiten Weltkrieg zerstört wurde.
1945 entwickelte Zuse eine der ersten Programmiersprachen und nannte sie „Plankalkül".
1949 gründete er die Zuse KG in Neukirchen, in der weitere Rechner hergestellt wurden.
Mit dem Verkauf der Firma verschwand der Name Zuse allmählich aus der Computerwelt.
Noch als Achtzigjähriger hatte er ständig neue Ideen, beispielsweise wie man die Windenergie noch besser ausnutzen könnte.
Zuse war nicht nur als Erfinder kreativ, sondern auch als Maler.
Er starb am 18. Dezember 1995 in Hünfeld.

Detektiv Spürnase empfiehlt Leseschritte

- [x] 1. Lies den Text und markiere unbekannte oder unklare Begriffe.
- [x] 2. Versuche unbekannte Begriffe aus dem Textzusammenhang heraus zu klären.
- [ ] 3. Schlage die noch unbekannten Begriffe nach.
- [ ] 4. Lies den Text ein weiteres Mal und kennzeichne mit einem Textmarker wichtige und interessante Aussagen.
- [ ] 5. Unterstreiche Schlüsselwörter, also die Wörter, die für den Textinhalt besonders wichtig sind.
- [ ] 6. Ordne wichtige Aussagen. Zum Beispiel:

Zuse				
als Schüler	als Maler	als Erfinder	…	…

2 Lies den Text über Konrad Zuse. Wende dabei die Leseschritte an. Verwende beim Markieren deine Klarsichtfolie.

3 Wende diese Leseschritte bei den Texten, die du im Internet gefunden hast, an.

4 Übernimm diese Leseschritte in dein Heft und wende sie zukünftig bei anderen Texten an.

5 Gestaltet euer Plakat, wenn ihr genügend Informationen und Bilder gesammelt habt.

6 Präsentiert und vergleicht eure Ergebnisse in der Klasse.

TIPP
Wie du mit der Folie arbeiten kannst, erfährst du auf Seite 41.

Entspannungsübungen für Spürnasen

Konzentrierte Arbeit am Computer oder am Schreibtisch – egal ob zu Hause oder in der Schule – ist anstrengend.
Um schnell wieder fit zu werden, gibt es einfache Tricks.

Liegende Acht

Strecke deinen Schreibarm aus und zeichne langsam eine große liegende Acht in die Luft.
Folge mit deinen Augen der Bahn deiner Finger.

Ohrenspitzer

Ziehe mit Daumen und Zeigefinger den Rand deiner Ohren nach außen. Beginne am oberen Rand des Ohrs und gehe nach unten bis zum Ohrläppchen.

Ruhepause für die Augen

Schließe die Augen und bedecke sie locker mit den Händen. Nach ein bis zwei Minuten nimmst du sie wieder weg und legst sie locker in deinen Schoß. Die Augen bleiben noch kurz geschlossen. Atme ruhig.

Joggen am Platz

Stelle dich hinter deinen Stuhl, nimm Joggerhaltung an und jogge eine Weile am Platz. Du kannst auch einen kurzen Sprint einlegen!

Zeitlupe

Stelle dich vor deinen Stuhl und setze dich im Zeitlupentempo hin.
Erweitere die Übung, indem du im Zeitlupentempo wieder aufstehst.

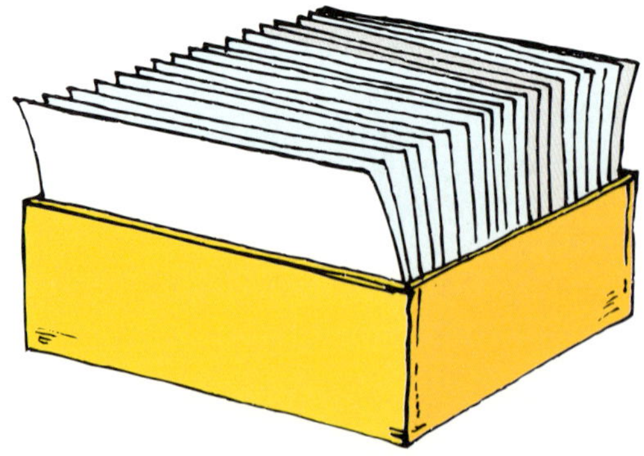

1 Probiere die Übungen aus. Welche Übung hat dir am besten gefallen?

2 Sammle weitere Übungen für eine Entspannungsbox.

Der Weg zum Team

Das Arbeiten mit anderen macht nur dann Spaß und führt zu einem guten Ergebnis, wenn alle sich an vereinbarte Regeln halten.
Das macht man nicht nur in der Schule, auch Erwachsene arbeiten ganz oft im Team. Deshalb muss man Gruppenarbeit regelrecht trainieren. Das schließt auch eine Einschätzung und Bewertung am Ende solcher Arbeitsphasen ein.
Die Tabelle zeigt euch eine Möglichkeit der Selbstbewertung von Gruppenarbeit:

Thema der Gruppenarbeit:			
Mitglieder der Gruppe:			
	☺	😐	☹
1. Wir haben die Aufgaben gerecht verteilt.			
2. Wir haben die vorgegebene Zeit eingehalten.			
3. Wir haben konzentriert gearbeitet.			
4. Wir haben einander geholfen.			
5. Wir haben Vorschläge sachlich und fair besprochen.			
6. Wir haben das Ziel der Aufgabe erreicht.			
7. ...			
8. ...			

1 Beurteilt eure Gruppenarbeit. Ein Schreiber übernimmt die Tabelle in sein Heft. Notiert eure Einschätzung und bewahrt sie auf.

2 Findest du noch andere Kriterien zur Einschätzung der Gruppenarbeit?

3 Überlegt, was bei der nächsten Gruppenarbeit beibehalten werden kann oder was verändert werden muss.
Geht bei der nächsten Gruppenarbeit ebenso vor.

4 Notiere dir, was du bei der nächsten Gruppenarbeit anders machen möchtest.

Spiel und Sport

1 Betrachte das Bild mit einem Partner. Welche Spiele und Sportarten erkennt ihr? Notiert eure Ergebnisse mit einem Stift auf Wortkarten.

2 Sammelt die Wortkarten an der Tafel. Klärt gemeinsam, welche Bilder ihr nicht deuten konntet.

3 Ergänzt auf leeren Wortkarten weitere Spiele und Sportarten. Denkt auch an Bewegungsspiele oder Spiele im Freien.

4 Bringe dein Lieblingsspiel mit und stelle es in einer Kleingruppe vor. Erkläre die Regeln und spiele es mit deinen Mitschülern.

5 Bringe Spielgeräte oder Spielideen für ein Spiel im Freien mit. Erkläre das Spiel und spiele es mit deinen Mitschülern.

Spielball oder Ballspiel?

1 Ihr habt viele Spiele und Sportarten gefunden. Setzt euch in Gruppen zusammen und sortiert die Spiele und Sportarten nach Zusammengehörigkeit.

2 Findet für die zusammengehörenden Spiele und Sportarten Oberbegriffe, z. B. *Computerspiele: Die Sims, …*

3 Stellt eure Oberbegriffe der Klasse vor. Vergleicht miteinander und begründet, warum so oder anders sortiert wurde.

4 Findet weitere zusammengesetzte Nomen mit „Spiel" und ordnet sie. Wann ist in den Wortzusammensetzungen „Spiel" Grundwort und wann Bestimmungswort?

Zusammengesetzte Nomen (Substantive) bestehen aus
Grundwort: *das Brettspiel*
und **Bestimmungswort**: *das Brettspiel*

Grammatik → S. 132

Bei zusammengesetzten Nomen richtet sich der Artikel nach dem Grundwort. In manchen Zusammensetzungen steht an der Wortnaht ein Fugenelement (*-s-*, *-es-*, *-n-*, *-e-*, *-en-* oder *-er-*), z. B. *das Mannschaftsspiel, die Spielesammlung*

5 Schreibt die folgenden zusammengesetzten Nomen in euer Heft und unterstreicht das Fugenelement.

W

die Arbeitsgemeinschaft – die Landeshauptstadt – das Bauernhaus – der Bilderrahmen – das Treppenhaus – die Augenbraue

6 Finde weitere zusammengesetzte Nomen, die ein Fugenelement enthalten.

Fantasieland

Wir (spielen) immer mit zwei Würfeln. Unsere Figuren (losgehen) vom Feld mit dem Stern vor dem Dorftor. Man (können) mit der größeren oder der kleineren Augenzahl beginnen und in jede Richtung, vorwärts oder rückwärts, ziehen, jedoch immer die ganze Zahl eines Würfels in eine Richtung ziehen. (kommen) du mit deiner Figur genau auf ein besetztes Feld, (schicken) du die Figur wieder ins Dorf zurück. (kommen) du mit deiner Figur genau auf ein blaues Feld, (können) du unter dem Baum, der daneben (stehen), (nachsehen), welches Märchensymbol sich darunter (verstecken). (sein) es das Symbol, was auf der obersten Karte auf dem Schlossstapel zu sehen (sein), (können) du dich auf den Weg zum Schloss machen und die Karte erhalten, wenn du das Baumversteck benennen (können).

(Max)

1 Lies den Text. Schreibe ihn ab und setze die Verben in der sprachlich richtigen Form ein.

Gebeugte Verben werden vom Infinitiv abgeleitet.

du	spielst gehst ziehst	er/sie/es/ man	spielt geht zieht	wir	spielen gehen ziehen

2 Schreibe die Verbformen ab. Bilde zu jedem Verb den Infinitiv und unterstreiche in den gebeugten Formen die Endungen.

Grammatik → S. 135

Verben lassen sich konjugieren (beugen).
Ihre Endungen richten sich nach Person und Numerus (Anzahl).

	Singular (Einzahl)		**Plural** (Mehrzahl)	
1. Person	ich	gehe	wir	geh**en**
2. Person	du	**-st**	ihr	**-t**
3. Person	er/sie/es	**-t**	sie	**-en**

3 Wähle aus dem oberen Text drei Infinitive aus und schreibe darunter alle gebeugten Formen.

4 Schreibe einen Teil einer Spielanleitung. Überlege, in welcher Personalform du schreiben möchtest. Lasse deine Mitschüler raten, um welches Spiel es sich handelt, indem du ihnen den Text vorliest.

Ein neues Spiel: Klammern stehlen

Marie kommt von einer Geburtstagsfeier nach Hause und erzählt ihrer Mutter den Spielverlauf eines neuen Spiels: „Wir haben bei Marcels Geburtstag ‚Klammern stehlen' gespielt. Zuerst haben wir einen Sitzkreis gebildet und Tom die Augen mit einem Schal verbunden. Anschließend hat er sich in die Mitte des Kreises gesetzt. Danach haben wir ihm 30 Wäscheklammern an seine Kleidung gesteckt. Außerdem hat er eine zusammengerollte Zeitung als Fliegenklatsche in die Hand bekommen, um uns vom Stehlen der Klammern abzuhalten. Jeder von uns hat dann reihum versucht die Klammern zu stehlen. Natürlich ist uns das nicht immer gelungen, denn wer abgeschlagen wurde, musste ausscheiden. Sieger ist Murat geworden. Er hat über 12 Klammern gestohlen.

1 Benennt in einer Kleingruppe, worauf es bei diesem Spiel besonders ankommt, und schreibt es auf.

2 Probiert das Spiel in einer Kleingruppe aus und stellt durch Beobachter fest, ob die Punkte aus Aufgabe 1 zutreffen.

3 Denkt euch Abänderungen des Spiels aus und notiert sie als Regel.

Wenn ihr mündlich von etwas Vergangenem erzählt, verwendet ihr häufig die Zeitform des Perfekts.

Das **Perfekt** bildet man aus einer Form der Hilfsverben „haben" oder „sein" und dem 2. Partizip: *Wir haben gespielt.*

Grammatik → S. 135

4 Suche aus dem Text oben alle Perfektformen heraus. Schreibe sie in dein Heft.

5 Bilde zu jeder gefundenen Perfektform einen sinnvollen Satz und ergänze die fehlenden Personalformen.

Ich habe gespielt.	*Ich bin gegangen.*
Du hast …	*Du bist …*
…	…

Eine Sportzeitschrift planen

Man kann seine Zeit nicht nur mit Spielen, sondern auch mit Sport verbringen. Vielleicht habt ihr Interesse daran, eine Sportzeitschrift herzustellen. Um herauszufinden, wofür sich die Leser eurer Zeitschrift interessieren, kann es sinnvoll sein, die zukünftigen Leser zum Thema Sport erst einmal zu befragen.

Junge ❑ Mädchen ❑

1. Macht dir Sport Spaß ? ja ❑ nein ❑

2. Welcher Sportart gehst du nach?
keiner ❑ Fußball ❑ Basketball ❑ .... ❑
Reiten ❑ Schwimmen ❑ Fahrradfahren ❑ .... ❑

3. Treibst du regelmäßig Sport? ja ❑ nein ❑

4. Wie oft treibst du in der Woche Sport?
fast nie ❑ einmal ❑ zweimal ❑

5. Hast du ein Sportidol? ja ❑ nein ❑
Wie heißt er/sie? ....

6. Welche Sportvereine würdest du gern besuchen? Nenne zwei.
a) .... b) ....

7. Sollte man die Anzahl der Sportstunden in der Schule erhöhen? ja ❑ nein ❑

1 Findet weitere Fragen und ergänzt den Fragebogen.

2 Lasst den Fragebogen von einem Computerspezialisten am Computer schreiben und eine Kopiervorlage ausdrucken. Führt das Interview in der Klasse durch.

3 Denkt euch in Gruppen eine geeignete Auswertung der Fragebögen aus, z. B. *nach Jungen und Mädchen getrennt, …*
Was ist für euch die interessanteste Fragestellung?
Stellt die Antworten in einem Diagramm dar.

Eine Gruppe der Klasse 5b hat die Frage 4 ausgewählt und so dargestellt:

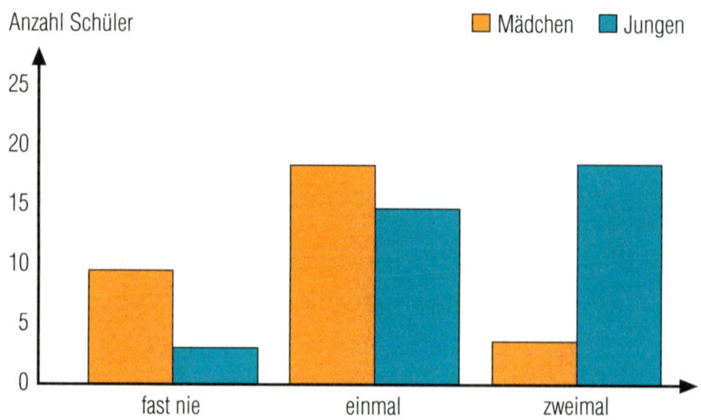

4 Überlege, welche Ergebnisse der Befragung sich nicht als Säulendiagramm darstellen lassen und warum. Schreibe auf.

Eine Sportzeitschrift gestalten

1 Setzt euch in Sechsergruppen zusammen und plant die Gestaltung einer Sportzeitschrift.

2 Überlegt euch Themen und Überschriften. Beachtet dabei die Fragen aus dem Sportinterview.

3 Verteilt Themen und Überschriften an die Gruppenmitglieder.

4 Schreibt zu Themen, die euch bewegen.

5 Sammelt Bilder, Zeitungsausschnitte, Artikel, Werbematerialien und Anzeigen und klebt sie auf.

6 Ihr könnt auch selbst zeichnen, fotografieren oder etwas aus dem Internet ausdrucken.

7 Stellt eure Themenhefter in der Klasse zum Lesen aus.

Angst verlieren – Mut gewinnen

Dies ist ein Foto aus dem Film „Emil und die Detektive" aus dem Jahr 2000. Erich Kästner schrieb den Roman für Kinder 1929. Der Roman wurde bereits zweimal verfilmt. Auf dem Foto sind Emil und seine Freunde zu sehen, die ihm helfen den Dieb zu fangen, der sein Geld gestohlen hat.

1 Was wisst ihr über „Emil und die Detektive"?

2 Alle Kinder auf dem Foto blicken in eine Richtung. Was könnten sie entdeckt haben? Sprecht darüber.

3 Halte einige Vermutungen schriftlich fest.

4 Suche dir ein Mädchen oder einen Jungen auf dem Foto aus. Betrachte seinen Gesichtsausdruck genauer.

TIPP

Mehr über das „Einfrieren" erfährst du auf Seite 87 im Kapitel „Vorhang auf".

5 Probiere mit einem Taschenspiegel den Gesichtsausdruck möglichst genau nachzumachen.

6 Versuche diesen Gesichtsausdruck etwa zehn Sekunden „einzufrieren".

7 Findet euch in Sechsergruppen zusammen. Zeigt euch nacheinander den in Aufgabe 5 erprobten Gesichtsausdruck. Könnt ihr feststellen, welche Person des Fotos gezeigt wird?

8 Bereitet das Foto als Standbild vor. Bildet dazu eine Neunergruppe: acht Darsteller und ein „Baumeister". Stellt euch so zusammen, wie es dem Foto entspricht. Die Darsteller prägen sich ihren Gesichtsausdruck dazu noch einmal genau ein.
Der Baumeister hat die Aufgabe, die Körperhaltungen der Darsteller so zu „formen", dass sie denen auf dem Foto möglichst ähnlich sind.
Wenn alle die endgültige Körperhaltung eingenommen haben, gibt der Baumeister ein Zeichen. Nun ist der richtige Gesichtsausdruck gefragt.

9 Sprecht über die Standbilder:
- Ist den Darstellern der Gesichtsausdruck gelungen?
- Hat der Baumeister die Körperhaltung der Darsteller getroffen?

10 Fotografiere eines der Standbilder. Klebe das Foto des Standbildes in die Mitte eines DIN-A3-Blattes. Versieh die Jungen und Mädchen auf dem Foto mit Denk- oder Sprechblasen. Fülle diese mit Gedanken, Gefühlen, Fragen …
Ergänze eventuell mit den Vermutungen, die du in Aufgabe 3 notiert hattest.

Zwei Texte – ein Thema

Ein Junge hatte immer große Angst, wenn er nachts allein in der Wohnung sein musste. Seine Eltern gingen oft am Abend fort.

Dann konnte der Junge vor Angst nicht einschlafen. Er hörte etwas rauschen und das war, als ob jemand im Zimmer atmete.

Er hörte ein Rascheln und ein Knacken und das war, als ob sich etwas unter seinem Bett bewegte.

Aber viel schlimmer war ______. Der Junge sah ihn immer ganz still draußen auf der Fensterbank sitzen und wenn unten ein Auto vorüberfuhr, schlug ______ und der Junge sah den riesigen Schatten an der Zimmerdecke …

Als er aufwachte, setzte sich die Bahn eben wieder in Bewegung. Er war, während er schlief, von der Bank gefallen, lag jetzt am Boden und war sehr erschrocken. Er wusste nur nicht recht, weswegen. Sein Herz pochte wie ein Dampfhammer. Da hockte er nun in der Eisenbahn und hatte fast vergessen, wo er war. Dann fiel es ihm, portionsweise, wieder ein. Richtig, er fuhr nach Berlin. Und war eingeschlafen. Genau wie der Herr im steifen Hut … Emil setzte sich mit einem Ruck bolzengerade und flüsterte: „Er ist ja fort!“ Die Knie zitterten ihm. Ganz langsam stand er auf und klopfte sich mechanisch den Anzug sauber. Jetzt war die nächste Frage: Ist ______ noch da? Und vor dieser Frage hatte er eine unbeschreibliche Angst. Lange Zeit stand er an die Tür gelehnt und wagte nicht, sich zu rühren. Dort drüben hatte ______ gesessen …

1 Lies beide Textauszüge für dich.

2 Vermute, welche Wörter weggelassen wurden. Schreibe einige Möglichkeiten auf, damit du sie deinen Mitschülern erläutern kannst.

3 Wie bist du zu deiner Antwort gekommen?
- durch mehrmaliges Lesen
- spontan ohne nachzudenken
- …

Mache es dir bewusst und notiere.

4 Bildet Gruppen und tauscht euch aus. Benutzt eure Notizen aus Aufgabe 2 und 3. Ein Tipp: Es gibt kein Falsch und Richtig.

Ihr habt sicher unterschiedliche Möglichkeiten gefunden, die Textstellen zu füllen. Die Originaltexte lauten so:

Aber viel schlimmer war der Nachtvogel. Der Junge sah ihn immer ganz still draußen auf der Fensterbank sitzen und wenn unten ein Auto vorüberfuhr, schlug der Vogel mit den Flügeln und der Junge sah den riesigen Schatten an der Zimmerdecke …

Ursula Wölfel

Jetzt war die nächste Frage: Ist das Geld noch da? Und vor dieser Frage hatte er eine unbeschreibliche Angst. Lange Zeit stand er an die Tür gelehnt und wagte nicht, sich zu rühren. Dort drüben hatte der Mann, der Grundeis hieß, gesessen …

Erich Kästner

5 In beiden Texten ist das Thema die Angst. Doch sie ist sehr unterschiedlich. Sprecht darüber.

6 Sammelt in eurer Gruppe Situationen der Angst. Notiert sie in Stichworten. Beachtet die Fragen
- Wer hat Angst?
- Wovor hat die Person Angst?
- Warum hat die Person Angst?

7 Überlegt, ob die Situationen besser zu dem Text von Ursula Wölfel oder zu dem von Erich Kästner passen. Es könnte auch sein, dass ihr manchmal unterschiedlicher Meinung seid.

Angst kann man sehen, hören, spüren …

In unserer Sprache haben wir viele Möglichkeiten, Gefühle der Angst zum Ausdruck zu bringen.

8 Sucht in euren Notizen von Aufgabe 6 nach solchen Wörtern, lest in beiden Texten nach und findet weitere Wörter und Redewendungen dazu.
Gestaltet ein Plakat mit möglichst vielen Beispielen, das ihr in der nächsten Zeit vervollständigt.
Ein Tipp: Gebraucht unterschiedliche Wortarten.

9 Finde Wörter aus anderen Sprachen und schreibe die möglichst genaue Bedeutung dazu.

Einen Text untersuchen: Der Nachtvogel

Ein Junge hatte immer große Angst, wenn er nachts allein in der Wohnung sein musste. Seine Eltern gingen oft am Abend fort.
Dann konnte der Junge vor Angst nicht einschlafen. Er hörte etwas rauschen und das war, als ob jemand im Zimmer atmete.
Er hörte ein Rascheln und ein Knacken und das war, als ob sich etwas unter seinem Bett bewegte. Aber viel schlimmer war der Nachtvogel. Der Junge sah ihn immer ganz still draußen auf der Fensterbank sitzen und wenn unten ein Auto vorüberfuhr, schlug der Vogel mit den Flügeln und der Junge sah den riesigen Schatten an der Zimmerdecke.
Der Junge erzählte seinen Eltern von seiner Angst.
Aber sie sagten nur: „Stell dich doch nicht so an! Du bildest dir das alles nur ein." Und sie gingen immer wieder am Abend fort, weil sie den Vogel nicht sehen konnten, weil sie das alles nicht glaubten.
Einmal war der Junge wieder allein und es schellte an der Wohnungstür. Der Junge wurde steif vor Angst.
Wieder schellte es. Es schellte und schellte.
Dann war es still, lange Zeit war es ganz still. Dann kratzte etwas an der Hauswand. Das war der Vogel! Jetzt kletterte er mit seinen Krallen an der Mauer hoch. Jetzt war er an der Fensterbank. Und jetzt schlug er mit seinem Schnabel an die Scheibe! Einmal, zweimal, immer wieder, immer lauter, und gleich würde das Glas zerbrechen, gleich würde der Vogel ins Zimmer springen!
Der Junge packte die Blumenvase vom Tisch neben dem Bett. Er schleuderte sie zum Fenster. Das Glas zersplitterte. Wind fuhr ins Zimmer, dass der Vorhang hoch an die Wand schlug, und der Vogel war fort.
Auf der Straße unten hörte der Junge seine Eltern rufen.
Er rannte auf den Flur, er fand im Dunkeln sofort den Lichtschalter und den Knopf vom Türöffner. Er riss die Wohnungstür auf und lief den Eltern entgegen. Er lachte, so froh war er, dass sie da waren. Aber sie schimpften. Ihre schönen Ausgehkleider waren nass vom Blumenwasser.
„Was soll denn das wieder heißen?", fragte der Vater. „Jetzt ist die schöne Scheibe kaputt." „Und mein Mantel! Sieh dir das an!", rief die Mutter. „Der Nachtvogel war an meinem Fenster", sagte der Junge. „Der Nachtvogel hat mit seinem Schnabel ans Fenster gepickt." – „Unsinn!", sagte der Vater. Wir hatten den Schlüssel vergessen und du hast das Schellen nicht gehört. Darum haben wir mit einer Stange vom Bauplatz an dein Fenster geklopft."
„Es war der Nachtvogel, wirklich!", sagte der Junge. „Der Nachtvogel war es!" Aber die Eltern verstanden das nicht. Sie gingen immer wieder am Abend fort und ließen den Jungen allein. Er hatte immer noch Angst, er hörte immer noch das Rauschen und Rascheln und Knacken. Aber das war nicht so schlimm.
Denn der Nachtvogel kam nie mehr wieder, den hatte er vertrieben. Er selbst hatte ihn vertrieben, er ganz allein.

1 Lies die Erzählung „Der Nachtvogel". Nimm dir Zeit genau zu lesen.

2 Stelle dir vor, am nächsten Morgen erzählen der Junge und die Eltern von dem Geschehen am vergangenen Abend. Wähle, ob du in der Rolle des Jungen oder in der der Eltern sein willst. Um dich gut vorzubereiten, verfahre so: Wenn du dich für den Jungen entschieden hast, lies noch einmal aufmerksam die Zeilen 14–29. Wenn du dich für ein Elternteil entschieden hast, lies die Zeilen 27–38 noch einmal aufmerksam.

3 Suche zwei Partner, die sich auf die gleiche Rolle vorbereitet haben.
Erzählt reihum, wie ihr das Ereignis mit dem Nachtvogel erlebt habt.
Während des Erzählens achten die Zuhörer darauf:
- Stimmt das Erzählte mit dem Text überein?
- Wird das Wichtige erwähnt?

Die Fragen müssen sehr genau besprochen werden. Ihr könnt das Erzählen auch noch einmal wiederholen.
Nach jedem Erzählen geben die Zuhörer möglichst genau Rückmeldung.

4 Bildet nun Dreiergruppen mit unterschiedlichen Rollen: Junge, Mutter, Vater. Erzählt der Reihe nach, wie ihr das Ereignis mit dem Nachtvogel erlebt habt. Der Junge, die Eltern erzählen zu Ende, bevor ihnen Rückmeldung gegeben wird.

5 Tauscht euch in der Klasse aus:
- Was hast du in der Rolle als Junge beim Erzählen empfunden?
- Was hast du in der Rolle als Vater oder Mutter beim Erzählen empfunden?
- Was habt ihr als Zuhörerinnen und Zuhörer beim Erzählen des Jungen und beim Erzählen der Eltern empfunden?

6 Bereitet eine Spielszene „Der Nachtvogel" vor. Spielt sie in der Klasse vor.

7 Gebt den Spielern Rückmeldung wie in Aufgabe 3.

Ein Abecedarium oder …

1 Lies die Aufgaben auf den Seiten 84 und 85. Entscheide dich, welche Schreibaufgabe du durchführen möchtest.

Ein Abecedarium ist ein Schreibspiel. Dazu werden die 26 Buchstaben des Abc auf ein Blatt untereinander geschrieben. Zu einem Thema, das vorher festgelegt wird, werden möglichst viele Wörter zu allen Buchstaben des Abc gesucht.

2 Du kannst ein Abecedarium zum Thema „Angst" oder zum Thema „Mut" verfassen.

3 Bildet Vierergruppen zu dem gewählten Thema.

4 Legt fest, wer schreibt. Verwendet ein DIN-A3-Blatt.
Die Gruppenmitglieder nennen so viele Wörter, wie sie finden können.
Ein Tipp: Achtet auf das Schreibtempo des Schreibers.

A	*anpacken*
B	
C	*cool*
D	
E	*energisch*
	Eigensinn
F	*Freiheit*
G	
H	*heute*
…	

5 Stellt eure Abecedarien in der Klasse vor.

6 Sprecht über Gemeinsamkeiten und Unterschiede.

7 Hängt die Abecedarien gut sichtbar in der Klasse aus.

8 Schreibe nun dein persönliches Abecedarium mit den Themen:

Meine Angst	
A	
B	
C	
D	*Dunkelheit*
E	
F	
G	*gruselig*
…	

Mein Mut
A
B
C
D
E
…

Du kannst die Wörter der Gruppen-Abecedarien zu Hilfe nehmen.

9 Gestalte dein Abecedarium aus mit Schriftarten, Zeichnungen, Fotos …
Du kannst auch den Computer benutzen.

… eine Angst-Geschichte schreiben

1 Übertragt Wörter von Seite 81, Aufgabe 8 auf kleine Zettel. Wählt Wörter, die mindestens fünf Buchstaben haben. Es müssen mindestens so viele Zettel wie Schüler sein, die die Schreibaufgabe dieser Seite gewählt haben. Faltet die Zettel zu Losen. Jede/jeder zieht ein Los.

Dies ist eine besondere Form eines Gedichts. Es heißt Akrostichon. Die ersten Buchstaben jeder Verszeile ergeben von oben nach unten gelesen ein Wort.

Z
I *rrsinnig*
T
T *urmuhr*
E
R
N*achts*

2 Schreibe das Wort, das du gezogen hast, in großen Druckbuchstaben senkrecht untereinander an den linken Rand eines Blattes. Finde zu jedem Buchstaben des Wortes ein Wort, das zu dem Thema „Angst" passt und mit diesem Buchstaben anfängt. Versuche möglichst viele Seiten der Angst festzuhalten.

3 Schreibe dein Akrostichon auf ein Blatt. Die Blätter werden anschließend in der Gruppe verlost.

4 Erfinde zu den Wörtern des Gedichts, das du gezogen hast, eine Geschichte.

5 Bildet Dreiergruppen, lest euch eure Texte vor. Beim Zuhören und kurz danach schreibt jede/jeder drei Fragen an den Autor/die Autorin auf. Die Fragen werden mündlich gestellt. Alle Fragen sind erlaubt, aber der Autor/die Autorin muss sie nicht beantworten.

6 Organisiert eine Autorenlesung in der Klasse. Präsentiert eure Texte von Seite 84 und 85.

Vorhang auf

1 Was ist wichtig, um Theater spielen zu können? Sammelt eure Ideen.

Auf den Bildern seht ihr Szenen zweier Theateraufführungen. Um zu einer Aufführung zu gelangen, ist es wichtig, dass ihr lernt, euch im Raum zu orientieren, Bewegungen zu üben, den Körper zu lockern und ein Gespür für die anderen Spieler zu bekommen.

2 Verteilt euch im Raum. Geht kreuz und quer durch den Raum. Schaut euch dabei in die Augen.

3 Begrüßt euch auf unterschiedliche Art und Weise.
Gebt euch die Hand.
Umarmt euch.
Berührt euch mit der Schulter.
Berührt euch mit den Knien.

4 Begrüßt euch durch Worte:
Hallo.
Einen wunderschönen guten Tag.
Na, wie geht es?

Bewegung im Raum

1 Geht im Raum in unterschiedlichen Geschwindigkeiten. Stellt euch vor, ihr seid in einer Einkaufsstraße. Der Spielleiter gibt die Geschwindigkeit vor. Geht dabei kreuz und quer, in unterschiedlichen Richtungen. Verteilt euch gleichmäßig im ganzen Raum.

Tempo 1: Ihr geht in Zeitlupe, als ob ihr etwas suchen würdet.
Tempo 2: Ihr geht langsam spazieren, denn ihr habt Zeit.
Tempo 3: Ihr geht ganz normal.
Tempo 4: Ihr geht schnell, denn die Geschäfte schließen bald.
Tempo 5: Ihr geht sehr schnell, denn ihr müsst den Bus noch schaffen.

Sagt der Spielleiter „Stopp“, haltet ihr an und friert in der jeweiligen Bewegung ein.

einfrieren *bewegungslos in der Position verharren*

2 Teilt euch in eine Spielergruppe und eine Beobachtergruppe. Wiederholt die Bewegungsübungen und tauscht anschließend die Gruppen.

3 Sprecht über das Beobachtete.
- Wurde das vorgegebene Tempo eingehalten?
- Haben sich alle gut im Raum verteilt?
- Sind alle kreuz und quer gelaufen?
- Sind wirklich alle Schüler bei „Stopp“ in ihrer Bewegung eingefroren?

Man kann auf unterschiedliche Art und Weise „gehen“.

4 Variiert die Übungen 1 bis 3, indem ihr „trampelt“, „schlurft“, „schreitet“ oder „watet“.

5 Findet in Gruppen weitere Gangarten und schreibt sie auf große Karten, die der Spielleiter dann vor jeder Bewegungsübung hochhält.

W trampeln – schlurfen – schreiten – waten – tippeln – marschieren

Gefühle ausdrücken

1 Stellt euch vor, ihr geht eine Straße entlang oder ihr sitzt auf einer Bank. Eure Mimik und Gestik verraten dem Zuschauer, wie ihr euch fühlt.

2 Sammelt Adjektive, mit denen Gefühle und Stimmungen ausgedrückt werden können (*traurig, wütend, mutig, …*). Wählt eins davon aus und stellt es ausdrucksstark dar.

3 Legt euch auf kleinen Kärtchen eine Adjektivkartei an. Die Karten werden gemischt und jeder Spieler muss nach dem Ziehen das entsprechende Wort darstellen. Erst wenn die anderen das Adjektiv benennen können, darf man die Karte ablegen.
- Ihr könnt das Ausdrücken von Gefühlen auch fotografieren.
- Sprecht über eure Beobachtungen.

4 Der Spielleiter nennt Adjektive.
Drückt das Gefühl, das mit dem Adjektiv umschrieben ist, mimisch aus, während ihr geht.
Stellt euch dazu in die vier Ecken eines Raumes.
Jeweils zwei Schüler gehen aus den gegenüberliegenden Ecken aufeinander zu.
Sind die beiden Spieler in der gegenüberliegenden Ecke angekommen, gehen die anderen zwei Spieler los.
Schaut euch beim Vorbeigehen in die Augen und dreht euch noch einmal nach dem anderen um.

5 Gebt euch Rückmeldung:
- Sind die Adjektive ausdrucksstark dargestellt worden?
- Hat der Seitenwechsel gut geklappt?

Freies Improvisieren

1 Stellt euch vor, ihr seid auf dem Bahnhof, auf der Straße oder …
Bildet Sechsergruppen und schreibt Handlungsorte auf, wo sich Menschen befinden können. Überlegt, welche Menschen es dort gibt, wie sie sich bewegen und welche Gegenstände sie mit sich tragen.
Erfindet weitere Personen.

Bahnhof
Reisender
Putzfrau

…
Verkäufer
alter Mann

Park
ein spielendes Kind
jemand, der etwas isst

…
junge Frau
Baby

2 Entscheidet euch in der Sechsergruppe für einen Handlungsort. Verteilt euch im Raum und schlüpft in die Rollen verschiedener Personen. Überlegt, ob ihr einen Tisch, einen Stuhl oder andere Requisiten braucht.
Lasst passende Musik zum Spielen laufen und stellt eure Rolle pantomimisch dar.
Der andere Teil der Klasse kann die Beobachterrolle übernehmen und im Anschluss beschreiben, welche Personen ihnen aufgefallen sind:
- Welche Menschen wurden gespielt?
- Woran habt ihr sie erkannt?

3 Schreibt auf Papierstreifen verschiedene Überschriften und sammelt sie anschließend in einer Schachtel oder einem Umschlag.

Keine Zeit

Geld verloren

Bitte beeilen

4 Entscheidet euch in der Klasse für einen Spielort (Bahnhof, Park, Schulhof, Restaurant, Spielplatz, in der Wohnung) und zieht in Zweier- oder Dreiergruppen eine Überschrift, zu der ihr eine Spielszene entwickelt. Probt die Szene auf dem Gang oder in einer Ecke des Raumes.

Wählt zwischen zwei Möglichkeiten:

Variante 1: Ihr teilt die Klasse in eine Spieler- und Beobachtergruppe. Die Spielergruppe beginnt nacheinander ihre Szenen vorzuspielen.

Variante 2: Ihr stellt euch alle in eurer Spielgruppe im Raum auf und friert dann ein. Der Spielleiter berührt dann eine Gruppe mit dem Zauberstab und diese Gruppe beginnt zu spielen.

Improvisieren nach Stichworten

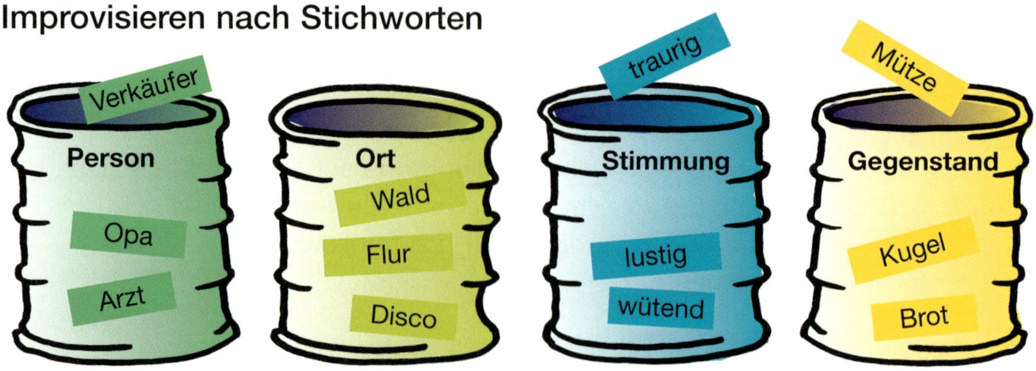

5 Denkt euch Personen, Orte, Stimmungen und Gegenstände aus und schreibt sie nach den Begriffen sortiert auf verschiedenfarbige Kärtchen. Sammelt die Kärtchen in vier Dosen, die die gleiche Farbe wie die Karten haben. Bildet Dreier- oder Vierergruppen und zieht aus jeder Dose ein Kärtchen. Die Stichworte müssen in eurer szenischen Improvisation eine Rolle spielen. Überlegt in eurer Gruppe, welche Situation ihr spielen wollt und was ihr dazu sprechen wollt.

Spielt eure Szene. Ihr könnt wählen:

Variante 1: Zeigt den Zuschauern eure Stichworte. Sie sollen darauf achten, dass die Stichworte aus den Dosen spielerisch gut eingebaut werden. Beschreibt eure Beobachtungen.

Variante 2: Die Zuschauer kennen die gezogenen Wörter aus den Dosen nicht und müssen nach dem Vorspielen erraten, welche Stichworte gezogen wurden.

Variante 3: Zeigt den Zuschauern eure Stichworte. Lasst beim Vorspielen ein Stichwort aus oder verändert es, sodass die Zuschauer das nicht benutzte Wort erraten müssen.

Spielideen aus dem Karton

6 Besorgt euch einen großen, stabilen Karton und beklebt ihn mit Bildern, die zum Theater passen. Bringt von zu Hause Gegenstände mit, die ihr in den Karton legt. Mithilfe dieser Gegenstände könnt ihr euch Spielszenen ausdenken. Jede Spielgruppe darf drei Sachen aus dem Karton nehmen. Diese sollten im Spiel eine wesentliche Rolle spielen.

Zum Spielen gibt es unterschiedliche Möglichkeiten:

Variante 1: Man lässt den Zufall walten, schließt die Augen und greift sich einfach irgendeinen Gegenstand heraus.

Variante 2: Man wählt gezielt Gegenstände, die zueinander passen oder zu denen man gleich eine Spielidee hat.

Sich einmischen

Eine Möglichkeit des improvisierten Spiels geht so:
Einer beginnt den Anfang einer Geschichte zu spielen. Ein zweiter Spieler geht in die Handlung hinein und übernimmt spontan eine zweite Rolle. Ein dritter Spieler kommt dazu und bringt seine Ideen ebenfalls mit ein. Jetzt können noch ein vierter oder ein fünfter Spieler in den Verlauf eingreifen. Der erste und danach der zweite Spieler verlassen die Bühne. So kann man spontan eine Geschichte spielen, die durch neue Spieler vorangetrieben wird. Die Szene ist beendet, wenn keine weiteren Spielideen mehr kommen.

Eine mögliche Spielidee könnte sein: „Diebstahl im Restaurant".
Spieler 1: Ein Gast sitzt im Restaurant und schaut sich die Speisekarte an.
Spieler 2: Ein weiterer Gast betritt das Restaurant und setzt sich an den Nachbartisch.
Spieler 3: Der Kellner kommt und nimmt die Bestellung auf.
Spieler 4: Ein Freund des ersten Gastes kommt und setzt sich zu ihm an den Tisch. Sie unterhalten sich.
Spieler 4: Er bestellt beim Kellner etwas zu trinken.
Spieler 2: Er geht auf die Toilette und lässt seine Tasche auf dem Stuhl stehen. Als er zurückkommt, bemerkt er, dass seine Geldbörse nicht mehr in der Tasche ist. Er ruft den Kellner und verdächtigt Spieler 1 und Spieler 4.
Spieler 3: Der Kellner ruft den Restaurantleiter.
Spieler 5: Der Restaurantleiter lässt sich die Taschen von Spieler 1 und Spieler 4 zeigen. Die Geldbörse ist nicht zu finden.
Spieler 1 und 4 bezahlen und gehen weg. Neue Spieler kommen dazu.

TIPP
Ihr könnt euch verkleiden oder Requisiten benutzen.

7 Wie könnte die Geschichte weitergehen? Gibt es einen positiven oder einen negativen Schluss?

8 Spielt den Schluss in zwei Varianten.

9 Denkt euch weitere Spielideen aus.

Eine Wandervorführung von Ort zu Ort

1 Teilt die Klasse in kleinere Gruppen. Schaut euch im Schulgebäude oder auf dem Schulhof um und findet Handlungsorte, wo man Szenen spielen kann. Mögliche Handlungsorte könnten sein:
der Flur, die Treppe, der Eingang, eine Bank auf dem Schulhof, ein Baum

2 Sucht euch einen geeigneten Handlungsort aus und überlegt euch eine Spielidee.

3 Entscheidet euch für eine Spielvariante, die euch Spaß macht, oder schaut euch noch einmal an, was ihr in diesem Kapitel geübt habt.

Ihr könnt:
- langsame oder schnelle Bewegungen am Handlungsort ausführen ohne zu sprechen,
- eine Szene mit Worten in Zeitlupe spielen,
- eine Szene nach Stichworten (siehe Dosenspiel auf Seite 90) an eurem Handlungsort entwickeln,
- eine Szene beginnen, in die sich die anderen Spieler der Gruppe spontan einmischen,
- mehrere Szenen an einem Handlungsort spielen und an geeigneten Stellen (vor einem Wechsel der Szenen) einfrieren.

Auch die folgenden Bilder und Stichworte können euch als Anregungen dienen:

„Die verschmutzte Treppe“ –
eine Szene mit Worten in Zeitlupe spielen

Eine Szene nach Stichworten entwickeln

Arzt – Wald – lustig – Brot
z. B.: *Ein Schüler liest ein lustiges Buch auf der Treppe und lacht dabei. Er möchte sein Brot essen und wird darauf hingewiesen, dass …*

„Streit am Eingang" – sich einmischen

„Treffpunkt Hofbank" – mehrere Szenen mit Zwischenstopps

1. Szene: Drei Mädchen sitzen auf der Bank und schauen sich Zeitschriften an. Sie unterhalten sich über die neuesten Popstars.
– Stopp – einfrieren – neue Szene –
2. Szene: Ein Junge wartet auf seine Freundin. Sie kommt zu spät.
– Stopp – einfrieren – neue Szene –
3. Szene: Zwei Jungen sitzen mit den Füßen auf der Bank und machen sich über alle lustig, die vorbeigehen.

4 Probt eure Szenen an Ort und Stelle. Vereinbart eine Probezeit von 10–20 Minuten.

5 Wandert mit der gesamten Klasse von Handlungsort zu Handlungsort und schaut euch die einzelnen Szenen an. Die Zuschauer folgen den Schauspielern.

Wälder sind mehr als Bäume

Gott, der Herr,
ließ aus dem Ackerboden
allerlei Bäume wachsen,
verlockend anzusehen und
mit köstlichen Früchten,
in der Mitte des Gartens
aber den Baum
des Lebens.

Genesis 2, 8–15

Ich ging im Walde
so für mich hin,
und nichts zu suchen,
das war mein Sinn.

Johann Wolfgang von Goethe

Leben wie ein Baum
einzeln und frei
und brüderlich wie ein Wald,
das ist unsere Sehnsucht.

Nazim Hikmet

Erst wenn
der letzte Baum gerodet,
der letzte Fluss vergiftet,
der letzte Fisch gefangen ist,
werdet ihr feststellen,
dass man Geld nicht essen kann.

Motto der Organisation Greenpeace

Ein Blatt
aus sommerlichen Tagen,
Ich nahm es so im Wandern mit,
Auf dass es einst mir möge sagen,
Wie laut die Nachtigall geschlagen,
Wie grün der Wald,
den ich durchschritt.

Theodor Storm

Der Wald hat eine große Bedeutung

1 Lies alle Texte still für dich.

2 Legt je fünf Blätter in fünf unterschiedlichen Farben bereit. Legt dann fest, welcher Text auf welche Farbe geschrieben werden soll.

3 Schreibe nun den entsprechenden Text auf das farbige Blatt.

4 Findet euch zu Gruppen mit jeweils gleichen Zitaten.

5 Sprecht über eure Leseeindrücke:
- Was kann der Wald für einen Menschen bedeuten? Belegt eure Aussagen durch Zitate.
- Ging es euch schon einmal ähnlich?
- Verständigt euch auf eine Überschrift. Jede/jeder notiert auf seinem Blatt.

6 Bildet Gruppen, in denen jedes Blatt vertreten ist. Erzählt von euren Gesprächen und erklärt die Wahl eurer Überschrift.

7 Heftet die fünf Blätter mit Überschrift an eine Pinnwand in der Klasse.

8 Suche in Lesebüchern, Gedichtbänden, Zeitschriften, Sachbüchern oder im Internet weitere Textstellen oder Verse zum Thema „Wald“, die du interessant findest.

9 Stellt euch eure Texte vor.

10 Schneide den Umriss eines Blattes aus und übertrage einen der Texte darauf.

11 Ergänzt eure Pinnwand.

Lebensgemeinschaft Wald

Nach einem Sprichwort „sieht man den Wald vor lauter Bäumen nicht". Auf den ersten Blick bestehen Wälder aus Bäumen, Bäumen, Bäumen ... Erst bei genauerem Hinsehen entdeckt man, dass der Wald nicht allein aus Bäumen besteht:

1 Welche anderen Lebewesen beherbergt der Wald außerdem? Nehmt eventuell Sachbücher zur Hand. Arbeitet in Partnerarbeit und macht euch Notizen.

2 Bilde einen Satz und zähle unter der Überschrift „Lebensgemeinschaft Wald" mehrere Lebewesen auf, die im Wald existieren.

3 Betrachte deinen Satz genau: Welches Satzzeichen hast du am meisten verwendet? Kontrolliere, ob du keines vergessen hast.

Rechtschreiben → S. 146

4 Formuliere für dich eine Regel zur Kommasetzung bei Aufzählungen. Beachte, wie die Aufzählung endet. Tausche dich mit einem Partner oder einer Partnerin aus. Ergänze eventuell.

5 Richte eine Seite deines Wörter-Buches bzw. eine Karte deiner Wörterkartei für Zeichensetzung ein. Notiere die Kommasetzung bei Aufzählungen.

6 Schreibe einen Satz zum Thema „Wald" mit einer Aufzählung. Schreibe ihn als Beispielsatz zu deiner Regel.

7 Übe die Kommasetzung bei der Aufzählung schriftlich, indem du verschiedene Wortarten aufzählst:
Die Bäume werfen Knospenschuppen, Rinde ... ab.
Gelbe, dunkelrote ... Blätter leuchten im herbstlichen Wald.
Die Försterin beobachtet, wie die Pflanzen wachsen, sich vermehren ...
Man unterscheidet eiförmige, fünffingrige, ... Blätter.

8 Schreibe das Sprichwort „Man sieht den Wald vor lauter Bäumen nicht" auf eine Karte für eure Sammlung von Seite 5.

9 Was bedeutet das Sprichwort „Man sieht den Wald vor lauter Bäumen nicht"? Erläutere der Klasse und nenne Beispiele.
Beschrifte eine Karte für eure Sammlung von Seite 5.

Selten, seltener … Adjektive

Brennnesselblättrige Glockenblume
Campanula trachileum

Die Blüten stehen in einer traubenförmigen Anordnung. Sie werden 3,5–4,5 cm lang und sind an den zarten Blütenblättern bewimpert. Ihre helle Farbe reicht von Blau bis Violett. Die Blütenstängel sind aufrecht, scharfkantig und behaart. Die unteren Blätter sind herzförmig und langstielig. Die Pflanze wächst an sonnigen Standorten.

Büschelglockenblume
Campanula glomerata

Die Blüten sitzen büschelartig am Ende des Stängels, meist aufrecht. Sie werden 1,5–2,5 cm lang und sind von einem dunklen Blauviolett. Der dreiteilige, gelbe Griffel hebt sich deutlich von der Blütenfarbe ab. Die weichen Blätter sind abgerundet oder herzförmig.
Die seltene Pflanze ist weichhaarig. Die Büschelglockenblume gedeiht auf feuchtem Boden.

1 Betrachte die Zeichnungen der Waldblumen. Lies ihre Beschreibungen. Kläre unbekannte Begriffe.

2 Entscheide dich für eine der beiden Abbildungen. Suche dir eine Partnerin oder einen Partner mit der anderen Abbildung. Beschreibt euch gegenseitig die Einzelheiten der Pflanzen. Vergleicht dann die Pflanzen in Bezug auf Blütengröße, Farbe und Standort.

3 In den Pflanzenbeschreibungen oben werden viele Adjektive gebraucht. Schreibe sie heraus und unterstreiche diejenigen, die du sinnvoll steigern kannst.

Grammatik → S. 134

4 Bilde mit den herausgesuchten Adjektiven Vergleiche mit anderen Blütenpflanzen, die du kennst. Zum Beispiel:
Die Blüten der Büschelglockenblume sind dunkler als …
Informiere dich in einem Biologiebuch oder einem anderen Sachbuch.

5 Markiere in den Adjektiven, woran du die erste Vergleichsstufe erkennst.

Bei der Beschreibung von Ähnlichem kommt es besonders auf Genauigkeit an. Dazu kann man zusammengesetzte Adjektive verwenden.

6 Suche aus den Pflanzenbeschreibungen zusammengesetzte Adjektive heraus.

7 Übe das Bilden zusammengesetzter Adjektive.
Ein Tipp: Verwende auch die Wortteile „-förmig“, „-stielig“, „-artig“.

8 Bildet Gruppen. Stellt euch eure Wortsammlungen vor.
Sprecht über die Bedeutung der zusammengesetzten Adjektive.

9 Schlage auf Seite 134 nach, wie die beiden Wortteile eines zusammengesetzten Adjektivs heißen. Unterstreiche die Wortteile der zusammengesetzten Adjektive in zwei Farben. Lege eine Legende an.

Für genaue Leser

Am einfachsten kann man das Alter eines Baumes bestimmen, wenn er gefällt ist. An der Baumscheibe lassen sich die Jahresringe zählen. Jedes Jahr setzt der Baum zwei neue Ringe zu: einen hellen im Frühjahr, einen dunklen im Sommer. Beim gefällten Baum werden diese Schichten als abwechselnde Ringe von hellem und dunklem Holz sichtbar. 62 Jahre alt ist diese Kiefer geworden.
Ihre Lebensgeschichte lässt sich an den Jahresringen ablesen wie aus einem Buch. Wenn man sie zu deuten versteht …

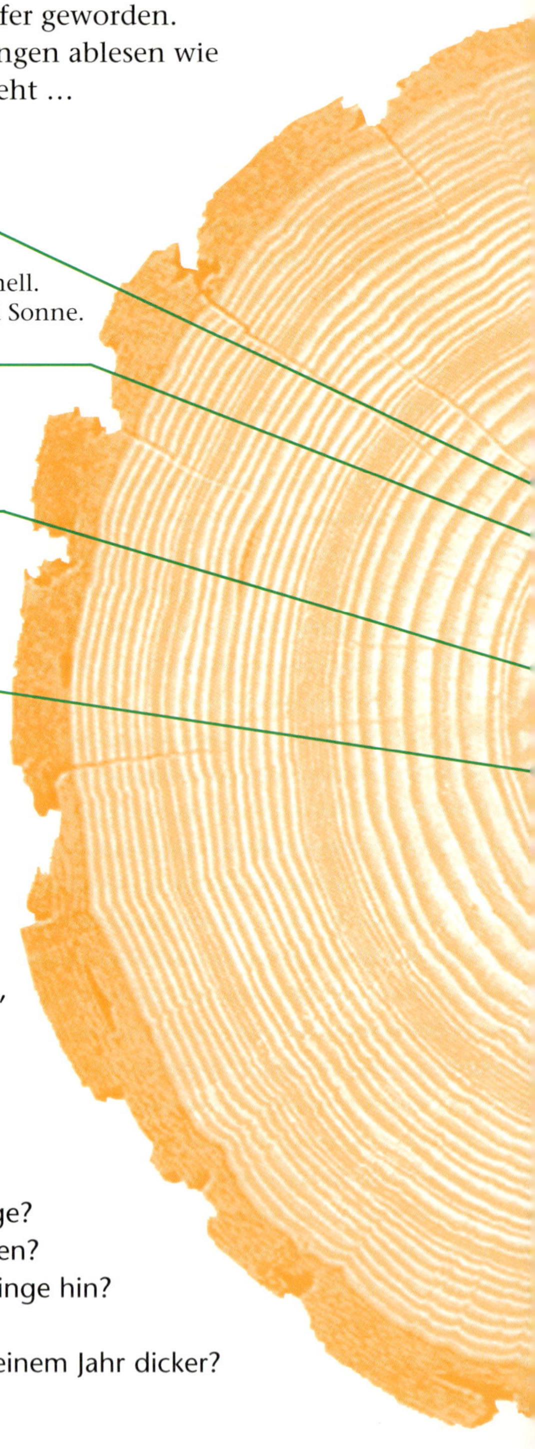

1941
Der Baum, eine Kiefer, ist geboren, der Samen keimt.

1946
Ohne Störungen wächst der Baum zunächst relativ schnell. Frühjahre und Sommer bringen ausreichend Regen und Sonne. Die Jahresringe sind breit und gleichmäßig.

1951
Als der Baum sechs Jahre alt ist, drückt irgend etwas gegen ihn. Er lehnt sich zur Seite und formt „Reaktionsholz“, das ihn stärker stützen soll.

1961
Der Baum wächst wieder gerade. Aber auch seine Nachbarn wachsen mit. Deren Kronen- und Wurzelsysteme nehmen ihm selbst Wasser und Sonnenschein fort.

1 Lies die Texte, die wichtige Ereignisse im Leben der Kiefer beschreiben, aufmerksam.

2 Mit folgenden Fragen kannst du kontrollieren, wie genau du gelesen hast:
- In welchem Jahr wurde der Baum durch ein Bodenfeuer verletzt?
- Wie alt war der Baum, als etwas gegen ihn drückte?
- Welche Ursachen gibt es für enge Jahresringe?
- Wodurch konnte der Baum schneller wachsen?
- Worauf deuten breite, gleichmäßige Jahresringe hin?
- Wie alt wurde die Kiefer?
- Um wie viele Jahresringe wird ein Baum in einem Jahr dicker?

1964
Andere Bäume um ihn herum werden im Rahmen einer Durchforstung geerntet. Mehr Nahrung und Sonnenlicht lassen ihn erneut schneller weiterwachsen.

1967
Ein Bodenfeuer läuft durch den Wald. Zum Glück hat der Baum überlebt. Seine Borke schützt die darunterliegende lebende Schicht. Er ist nur verletzt. Jahr für Jahr wird die Wunde von neuem Holz überdeckt.

1979
Diese engen Jahresringe sind wahrscheinlich Ergebnis einer längeren Trockenzeit. Ein oder zwei niederschlagsarme Sommer allein hätten den Boden kaum so weit austrocknen und das Baumwachstum nennenswert mindern können.

1994
Eine weitere Gruppe enger Jahresringe kann durch Insektenbefall verursacht sein. Bestimmte Insektenlarven fressen die Nadeln oder Knospen vieler Nadelbaumarten.

2003
Die Kiefer ist 62 Jahre alt und wird wegen Krankheit gefällt.

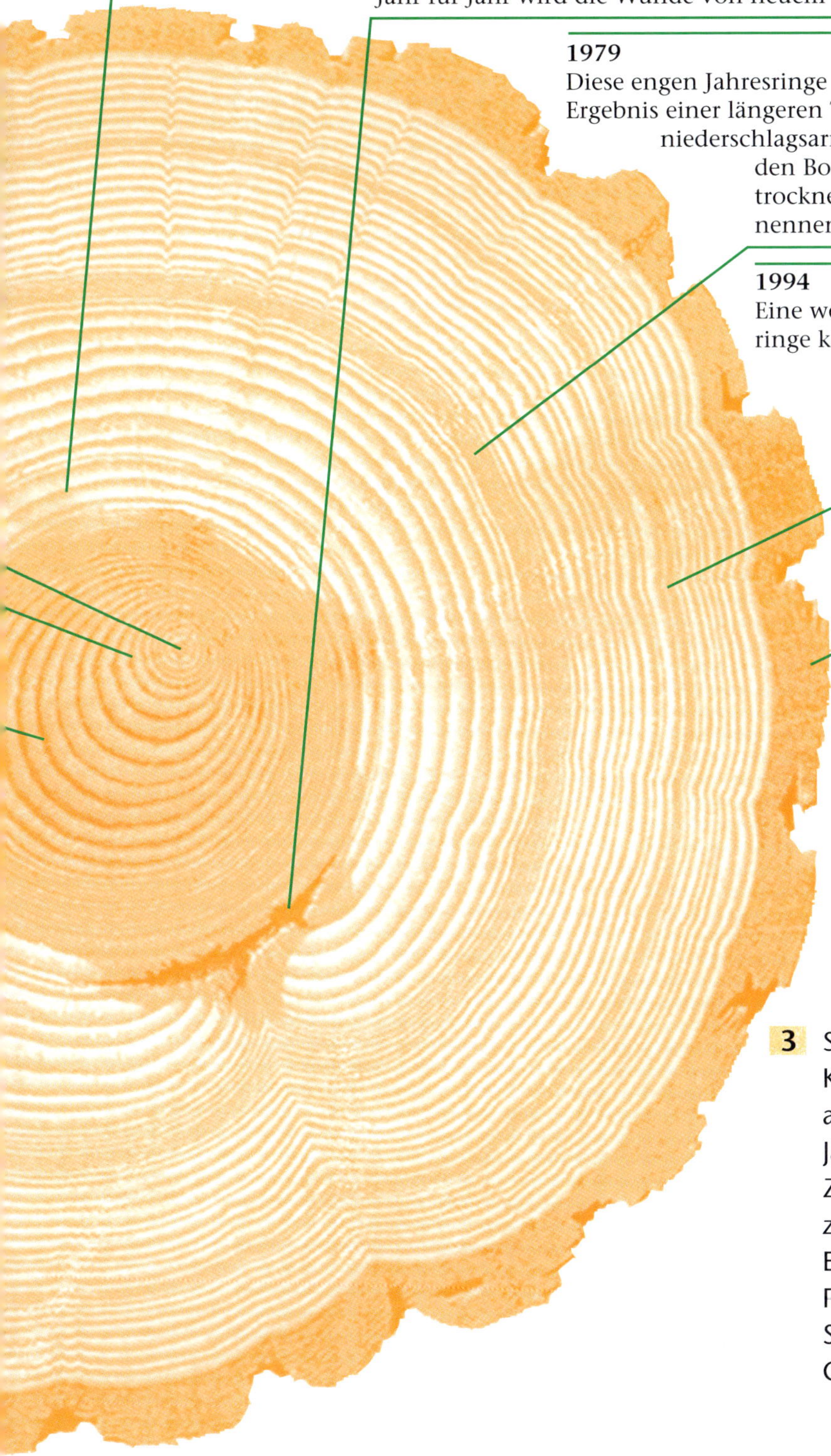

3 Stelle die Lebenszeit der Kiefer mit den angegebenen Jahreszahlen in einem Zeitstrahl dar. Schreibe zu den Jahreszahlen Ereignisse, die in deiner Familie eine Rolle spielen. Sprich deine Eltern und Großeltern an.

Eine Informationswand gestalten …

Der **Treibhauseffekt**: Schmilzt das Eis an den Polen?

Können die **tropischen Regenwälder** noch gerettet werden?

…

Diese Fragen und viele mehr stellen sich verantwortungsvolle Menschen.

1 Wisst ihr etwas zu diesen Fragen? Wisst ihr anderes über den Umweltschutz? Sprecht in der Klasse darüber.

2 Die fett gedruckten Begriffe haben im Umweltschutz eine große Bedeutung. Versuche herauszubekommen, was sie genau bedeuten. Erläutere deine Ergebnisse der Klasse.

3 Entscheide dich für einen Begriff und informiere dich in Sachbüchern, im Internet, in Zeitungen und in Zeitschriften. Du kannst auch Fachleute befragen. Stelle eine Materialsammlung zusammen. Damit du später gut weiterarbeiten kannst, musst du sorgfältig arbeiten:
- Zeitungsartikel mit Datum versehen, Kopien und Ähnliches in einem Ordner sammeln
- Namen, Adressen, Telefonnummern schriftlich festhalten
- persönliche Notizen abheften

TIPP

Wenn du ins Internet gehen willst, beachte die Hinweise von Seite 67.

4 Das Thema „Umweltschutz" ist mit vielen Fachbegriffen und Fremdwörtern verbunden. Übernimm die schwierigen Wörter in deine Wörterkartei, ergänze bei der weiteren Arbeit.

5 Suche zwei Begriffe aus, übe sie gründlich, bevor du sie in dein Wörter-Buch übernimmst.

6 Tausche dich mit denen aus, die auch zu deinem Thema gearbeitet haben.
- Überprüft, was wichtig und informativ ist.
- Erstellt eine gemeinsame Materialliste.

7 Bereitet zu eurem Thema ein Plakat vor. Verwendet dazu
- die Materialliste
- Texte, die ihr selbst verfasst
- Fotos, Schaubilder
- Adressen …

Schon wieder hat ein **Sturm** große Schäden in den Wäldern angerichtet. Warum passiert das immer häufiger?

Die große **Jahrhundertflut** an der Oder. Ursache: Waldschäden im Riesengebirge?

Besteht ein Zusammenhang zwischen dem **sauren Regen** und den Schadstoffen der Luft?

8 Ihr braucht Packpapier, eine Tapetenrolle oder bunten Fotokarton. Legt Schere, dicke Stifte, Textmarker, Klebstoff und ein großes Lineal bereit.

9 Legt zur Probe die Teile auf das Plakatpapier. Beachtet die Anregungen, die ihr unten auf der Abbildung seht. Achtung: Weniger ist manchmal mehr!

10 Stellt eure Plakate der Klasse vor. Sprecht euch ab, wer welchen Teil der Plakatvorstellung übernimmt. Achtet beim Vortragen darauf:
- zu Beginn das Thema nennen
- beim Vortrag auf die passenden Stellen des Plakates zeigen
- deutlich sprechen

11 Mit euren Plakaten könnt ihr eine Ausstellung im Schulhaus gestalten. Findet eine zusammenfassende Überschrift.

12 Teilt Gruppen ein, die in den Pausen zu eurer Ausstellung Auskunft geben können.

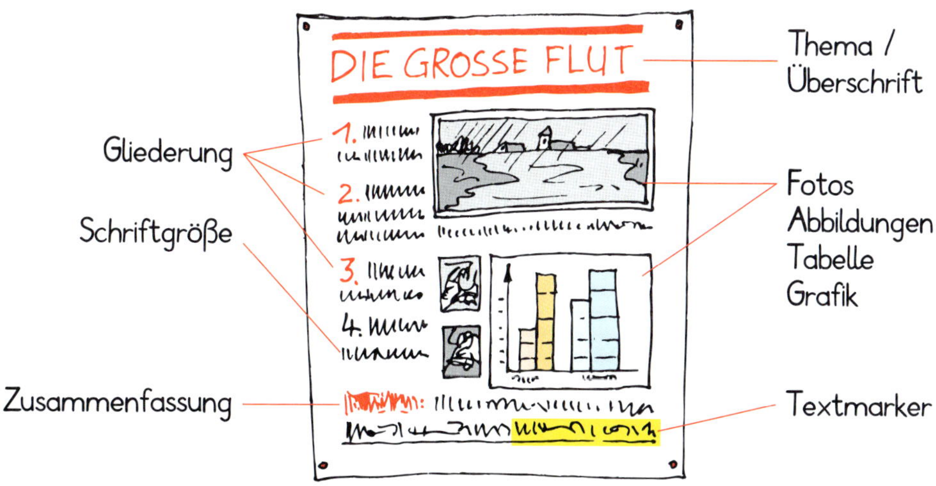

Wenn Tiere sprechen könnten

1 Hier sprechen Tiere miteinander. Was könnten sie sagen?
Überlegt in Partnerarbeit.

2 Welche Gedanken kommen dir beim Lesen der Kapitelüberschrift „Wenn Tiere sprechen könnten"? Schreibe alles auf, was dir einfällt. Du hast fünf Minuten Zeit.

3 Bildet Sechsergruppen. Stellt euch gegenseitig vor, was ihr aufgeschrieben habt.

4 Legt dicke Filzer und Blätter im DIN-A5-Format bereit. Schreibt jeden Gedanken auf ein Blatt. Tragt eure Ergebnisse an einer Pinnwand zusammen.

5 Gibt es ähnliche oder gleiche Gedanken? Heftet die entsprechenden Blätter übereinander.

6 Ergänzt in der nächsten Zeit, wenn weitere Gedanken hinzukommen.

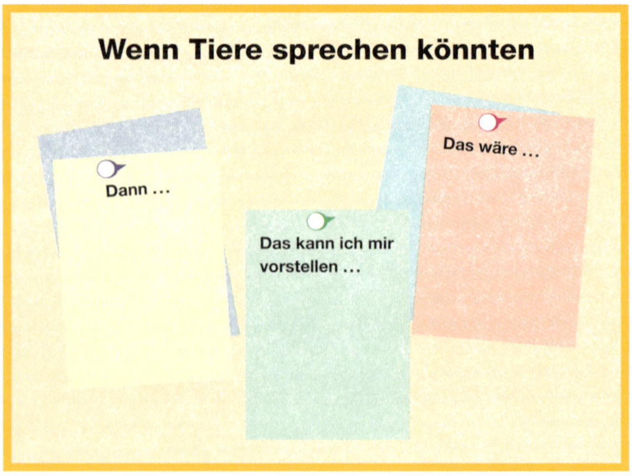

Der Wolf und der Reiher

1 Wer sagt hier was? Legt die Sätze der Sprechblasen dem Wolf oder dem Reiher in den Mund. Arbeitet in Partnerarbeit.

2 Schreibe jede Sprechblase auf einen kleinen Zettel. Erprobe, in welcher Reihenfolge sie sinnvoll sind.

3 Schreibe die Sätze in den Sprechblasen in richtiger Reihenfolge untereinander. Ergänze den Sprecher.

4 Tauscht in der Klasse eure Ergebnisse aus. Begründet eure Lösungen.

5 Wisst ihr nun schon, wie die Geschichte verlaufen könnte? Erzählt sie euch in Partnerarbeit.

Der Wolf und der Reiher

Der Wolf hatte einen Knochen verschluckt, der in seinem Schlund stecken geblieben war. Der Wolf lief umher, heulte fürchterlich und jammerte. Jedes Tier, das er traf, flehte er um Hilfe an. Aber die Tiere hatten alle Angst vor ihm und niemand wollte ihm helfen. Schließlich kam der Wolf zum Reiher und bettelte um Hilfe. Dieser hörte sich die Bitte an und stellte dem Wolf anschließend eine Frage. Der Wolf versprach ihm etwas, das sehr verlockend klang. Daraufhin steckte der Reiher den Schnabel und den Kopf und den Hals in den Wolfsrachen und zog und zerrte, bis er den Wolf von dem Knochen befreit hatte. Jetzt forderte der Reiher seine Belohnung. Doch der Wolf knurrte nur und wies seinen Retter auf die besondere Situation hin, die der Reiher ohne Schaden überstanden hatte. Zuletzt war der Wolf sehr zornig über die Forderung des Reihers nach seiner Belohnung und sagte ihm dies auch.

1 Lies den Text. Hast du richtig vermutet?

In dem Text sprechen die Tiere. Es fehlt aber die wörtliche Rede.

2 Findet in Partnerarbeit alle Stellen heraus, an denen ein Tier spricht. Schreibt das Tier auf und dazu, was es sagen könnte.

3 Lest die Geschichte in Partnerarbeit gemeinsam. Einer liest den Text oben, der andere ergänzt an passender Stelle die wörtliche Rede, die ihr aufgeschrieben habt.

4 Der Wolf jammert, heult, verspricht …
Finde weitere Verben zum Wortfeld „sagen".
Schaue dazu in den Text. Denke auch an die anderen Tiere.

5 Legt eine Kiste zum Wortfeld „sagen" an. Sammelt darin alle Wörter, die ihr gefunden habt und ergänzt sie in der nächsten Zeit.

Ein Tipp:
Die Wortfeldkiste ist gut geeignet zum Überarbeiten von Texten.

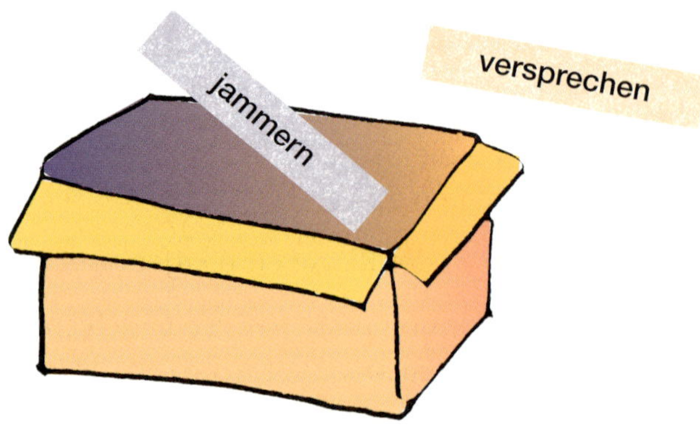

Tiere im Gespräch

1 Was weißt du über die wörtliche Rede? Schlage in deinen Heften und Büchern nach und schreibe oder zeichne alles übersichtlich auf.

2 Tragt in einer Kleingruppe zusammen, was ihr herausgefunden habt. Ergänzt eventuell eure Notizen.

~~~~~~~~, ________________.
wörtliche Rede — Begleitsatz

________________: ~~~~~~~~.
Begleitsatz — wörtliche Rede

~~~~~~~~, ________________, ~~~~~~~~.
wörtliche Rede — Begleitsatz — wörtliche Rede

3 Schreibe je zwei Beispielsätze zu diesen Satzmustern auf.

4 Hast du unterschiedliche Verben des Wortfelds „sagen" benutzt? Überarbeite deine Sätze.

5 Hast du Anführungszeichen gesetzt? Wenn nicht, ergänze sie. Tausche mit deinem Sitznachbarn. Kontrolliert eure Sätze.

Rechtschreiben → S. 148 f.

~~~~~~~~, ________________.

________________: ~~~~~~~~.

~~~~~~~~!, ________________.

________________: ~~~~~~~~!

~~~~~~~~?, ________________.

________________: ~~~~~~~~?

6 Schreibe zu den Satzmustern je zwei Beispielsätze. Ordne die richtige Überschrift zu:

Wörtliche Rede als Fragesatz

Wörtliche Rede als Ausrufesatz

Wörtliche Rede als Aussagesatz

7 Überprüfe, ob du die Verben des Begleitsatzes den Satzarten entsprechend gewählt hast. Benutze auch das Lernplakat von Seite 129 zum Wortfeld „sagen". Überarbeite.

8 Entwirf ein Satzmuster mit eingeschobenem Begleitsatz. Die wörtliche Rede soll in unterschiedlichen Satzarten stehen.
~~~~~~~~

W-rtl-ch- R-d-

Der Wolf jammerte: Warum hilft mir denn keiner?
Er flehte die Tiere an: Holt mir den Knochen aus dem Hals!
Zum Dank frisst er uns, sprachen die Tiere.
Was gibst du mir dafür?, fragte der Reiher.
Der Wolf antwortete: Ich verspreche dir die allergrößte Belohnung.
Jetzt gib mir deine Belohnung!, forderte der Reiher.
Ist es denn keine Belohnung, dass du deinen Hals wieder heil aus meinem Rachen herausziehen durftest?, knurrte der Wolf.

1 Schreibe die Sätze mit allen Zeichen der wörtlichen Rede auf.

2 Markiere Stellen, an denen du zweifelst, mit dem Bleistift. Überprüfe sie besonders genau.

3 Kontrolliert in Partnerarbeit.

4 Kennzeichne die Stellen farbig, wenn du sicher bist, dass die Sätze keinen Fehler mehr enthalten.

Der Wolf flehte die Tiere an: So helft mir doch, ich ersticke
Ich kann dir nicht helfen, ich bin dazu zu klein, sagte die Maus
Beeile dich, suche größere Tiere, befahl der Wolf
Ich glaube nicht, dass ich welche finde, entgegnete die Maus
Der Wolf fragte: Warum sind die Tiere weggelaufen
Na hör mal, kannst du dir das nicht erklären, antwortete die Maus

5 Schreibe die Sätze mit den Satzzeichen der wörtlichen Rede und ergänze Frage- bzw. Ausrufezeichen und Punkt.

6 Schreibe die Sätze so um, dass der Begleitsatz eingeschoben ist. Beachte die unterschiedlichen Satzarten der wörtlichen Rede.

7 Texte wie „Der Wolf und der Reiher" sind Fabeln. Suche weitere Fabeln in Lesebüchern oder Sammlungen, die du in einer Bücherei finden kannst. Wähle eine Fabel aus, die du der Klasse vorstellen willst.

8 Bereite die Vorstellung einer Fabel vor. Entscheide dich, ob du sie **erzählen, vorlesen** oder **Teile erzählen** und **etwas vorlesen** möchtest. Suche dir einen Zuhörer zum Ausprobieren. Musst du etwas verändern? Nenne immer **Autor** und **Titel**.

9 Stellt die ausgewählten Fabeln in der Klasse vor. Es sollten nicht mehr als drei an einem Tag sein. Legt eine Liste mit den Autoren und den Titeln an.

Fabeldichter

Viele Fabeln verdanken wir dem griechischen Dichter Äsop.
Äsop soll angeblich im 6. Jahrhundert vor Christi Geburt als Sklave in Vorderasien gelebt haben. Sklaven wurden wie Tiere verschenkt, verkauft oder ausgetauscht. Sie waren Eigentum der Sklavenhalter und hatten keinerlei Rechte oder Freiheiten.
Kritik an Missständen durften sie nicht offen äußern. Sie mussten es in versteckter Form tun. In seinen Fabeln ließ Äsop die Tiere sagen, was die Menschen dachten.
In Fabeln wird stets für den Schwächeren Partei ergriffen.

1 Lies den Text über den Fabeldichter Äsop genau. Beantworte schriftlich die Fragen:
A Wo liegt Vorderasien? Schreibe auf, welche Staaten heute zu Vorderasien gehören.
B Vor wie vielen Jahrhunderten lebte Äsop? Notiere.
C Zu welchem Zweck hat Äsop Fabeln geschrieben? Schreibe es in deinen eigenen Worten auf.

2 Bildet Gruppen. Tauscht eure Ergebnisse aus. Beschreibt, wie ihr eure Lösungen zu **A** und **B** gefunden habt. Belegt eure Antwort zu Frage **C** mit Textstellen.

3 Erforsche den Holzschnitt genau und schreibe auf:
- Welche Tiere erkennst du?
- Kennst du Fabeln, in denen diese Tiere eine Rolle spielen?

4 Erläutere deine Notizen einem Partner.

5 Lest die Gedanken an der Pinnwand durch. Sprecht darüber, was ihr ergänzen oder entfernen wollt.

Abenteuer

1 Betrachte die Gegenstände und wähle dir einen aus. Welche Rolle könnte er in einem spannenden Inselabenteuer spielen? Überlege zuerst und mache dir Notizen:

- Wie kommst du zu deinem Gegenstand?
- Wozu ist er dir nützlich?
- Wie endet das Abenteuer?

2 Bildet einen Erzählkreis von nicht mehr als fünf Schülern. Legt eine Erzählzeit von höchstens drei Minuten fest und versucht die Abenteuer so zu erzählen, dass alle gerne zuhören und sich die Einzelheiten gut vorstellen können.

Ein Tipp: Nehmt die Geschichten auf Kassette auf.

3 Besprecht nach jeder Geschichte: Wie hat euch das Erzählte gefallen? Warum hat es euch gefallen? Wie könnte der Erzähler noch spannender erzählen? Welche Wörter hat der Erzähler häufig verwendet? Wie klingt die Stimme des Erzählers?

Die Insel der 1000 Gefahren *Edward Packard*

Du stehst an Deck eines großen Schiffs, das von San Francisco in den Pazifik ausläuft, und schaust zurück auf die Golden-Gate-Brücke. Man hat dich eingeladen, Doktor Carleton Frisbee auf einer Expedition zu den Galapagos-Inseln zu begleiten. Dr. Frisbee macht für Zoos Forschungsarbeiten über Schildkröten. Er weiß so ziemlich alles über Schildkröten. Die Reise macht dir viel Spaß. Aber eines Tages, als du dich gerade gemütlich in deinem Liegestuhl räkelst und den Fliegenden Fischen zuschaust, siehst du plötzlich, wie eine riesige Welle auf das Schiff zukommt.

Die Welle ist durch ein Erdbeben irgendwo am Meeresboden ausgelöst worden. Sie rollt über das Wasser genau auf dich zu. Euer Schiff wird höher und höher gehoben. Und dann fegt das Wasser schäumend über Deck. Zum Weglaufen ist es zu spät, und du schaffst es gerade noch, dich an deinen Liegestuhl zu klammern.

In Sekundenschnelle wirst du über Bord gespült, hängst oben in der Welle, reitest auf der gigantischen Wolke aus Wasser. Das Einzige, was du durch den Schaum und die Gischt sehen kannst, sind deine Hände, die den Liegestuhl fest umklammert halten. Dann merkst du noch, wie du auf der Rückseite der Welle hinabgleitest. Deine nächste Erinnerung ist, dass du aus einem tiefen Schlaf aufwachst.

Ob du das alles nur geträumt hast? Aber du weißt, dass es kein Traum gewesen sein kann. Anstatt in deinem Bett liegst du nämlich hoch oben auf einer riesigen Sanddüne. Hinter dir siehst du einen breiten, leicht abfallenden Strand. Du schaust zu, wie die schäumenden Wellen gegen ihn klatschen. Vor dir liegt eine Wiese aus hohem Schilfrohr, umgeben von hohen, felsigen Hügeln. Du bist hungrig und durstig. Du schaust auf das Meer und siehst nichts als endloses blaues Wasser. Bis auf ein paar Seemöwen, die über die Wellen segeln, bist du ganz allein.

In Edward Packards Buch „Die Insel der 1000 Gefahren" bist du die Hauptperson des Geschehens. Der Autor überlässt es dir, welches Abenteuer du erleben möchtest. An dieser Stelle musst du zum ersten Mal eine Entscheidung treffen:

- Gehst du am Strand entlang oder
- kletterst du die Hügel hinauf?

4 Schreibe eine Fortsetzung, indem du eine der beiden Möglichkeiten auswählst. Lasse dabei Platz für Ergänzungen. Achte auf die Zeit, schreibe im Präsens:
Das war alles kein Traum, ich bin auf einer einsamen Insel …

5 Überlege, wie du deine Geschichte spannend gestalten kannst:
- Verwende spannende Satzanfänge:
  Plötzlich, Auf einmal, Wie aus heiterem Himmel
- Verzögere die Handlung, indem du Fragen und Ausrufe einfügst:
  Doch was war das? Wie konnte das sein? Das durfte nicht wahr sein!

6 Lest euch eure Geschichten in der Klasse gegenseitig vor.
Welche Unterschiede könnt ihr zu den mündlich erzählten Abenteuern feststellen? Tauscht euch aus.

Inselabenteuer

Vielleicht habt ihr Lust, ein eigenes Buch wie „Die Insel der 1000 Gefahren" zu gestalten? Dazu solltet ihr zunächst eure Texte überarbeiten, damit auch andere sie gut lesen können.

Karussell

Überarbeitet eure Entwürfe in einem „Überarbeitungskarussell".

1 Erstellt in der Klasse eine Checkliste zur Überarbeitung und formuliert einen Tippzettel.

CHECKLISTE

Inhalt:
- ❑ Passt die Fortsetzung zum Textausschnitt?
- ❑ Kann der Text, z. B. durch Adjektive, noch spannender gemacht werden?
- ❑ Gibt es einen Schlusssatz?
- ❑ …

Satzkontrolle:
- ❑ Wurden abwechslungsreiche Satzanfänge verwendet?
- ❑ Wo können Wortwiederholungen vermieden werden?
- ❑ …

Rechtschreibung:
- ❑ Ist die Groß- und Kleinschreibung richtig?
- ❑ …

TIPPZETTEL

Erste Überarbeitung
Überarbeiter/innen:
____

Zweite Überarbeitung
Überarbeiter/innen:
____

Das hat uns gefallen:
____
____
____

Achte besonders darauf:
____
____
____

2 Stellt immer drei Tische im Dreieck auf.

3 Jeweils zwei Schüler setzen sich gegenüber. Vor euch liegen: ein Text, die Checkliste und ein Tippzettel.

4 Jeder Text wird zwei Mal überarbeitet.
- Erste Überarbeitung mit blauem Stift: 15 Minuten
- Wechsel. Der Text, der Tippzettel und die Checkliste bleiben auf dem Tisch.
- Zweite Überarbeitung mit grünem Stift: 10 Minuten

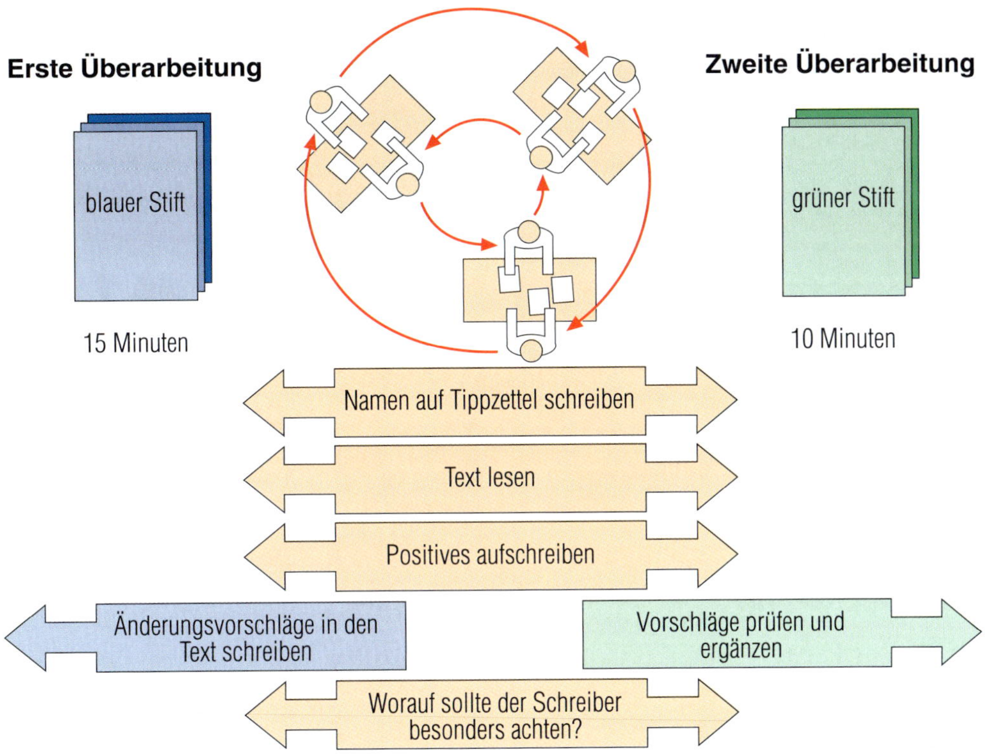

5 Überarbeite dein Inselabenteuer mithilfe der Änderungsvorschläge deiner Mitschüler. Wenn du Fragen hast, wende dich an die Überarbeiter/innen deines Textes.

6 Kopiert den Textausschnitt von Seite 109 und heftet ihn zusammen mit euren überarbeiteten Texten in einen Ordner.

Auf, unter, neben, vor der Palme

Die Möwe fliegt …	… **von** der Palme.
Der Mann steht …	… **auf** der Palme.
Die Kokosnuss fällt …	… **an** das Ufer.
Der Affe sitzt …	… **in** den Wellen.
Die Schildkröte läuft …	… **über** die Palme.
Die Flaschenpost schwimmt …	… **auf** der Insel.

7 Formuliere sinnvolle Sätze und schreibe sie auf.

Präpositionen (Verhältniswörter) bezeichnen ein Verhältnis zwischen Dingen, Personen usw.
Sie drücken örtliche, zeitliche oder andere Verhältnisse aus.

Grammatik → S.137

Im Zeltlager

Auf großer Fahrt

Wir wollten aufs Wasser. Die Floßfahrer setzten sich gegenüber den Schlauchbootfahrern durch. Wir konnten auf große Fahrt gehen nach einigen Tagen. Wir hatten vorher auf die Namen „Robinson“ und „Bunter Hund“ die Flöße getauft. Mit verschiedenen Schwierigkeiten mussten wir fertig werden an den folgenden Tagen. Ein heftiges Gewitter überraschte uns einmal. Doch allerlei los war auch auf den Flößen. Wir lieferten uns auch so manche Wasserschlacht. Ein großer Spaß war das! Am letzten Abend saßen wir in gemütlicher Runde zusammen auf dem Grundstück eines Anglervereins. Die meisten von uns hätten die abenteuerlichen Tage gerne verlängert.

1 Als Joshua seinen Aufsatz über das Zeltlagerabenteuer liest, ist er unzufrieden. Überlegt, woran das liegen könnte.

2 Sprecht über mögliche Änderungsvorschläge.

Joshua hat nach einem Tipp seines Tischnachbarn begonnen seinen Text zu verändern:

Auf großer Fahrt

Wir wollten aufs Wasser. Die Floßfahrer setzten sich gegenüber den Schlauchbootfahrern durch. Nach einigen Tagen konnten wir auf große Fahrt gehen. Vorher hatten wir die Flöße auf die Namen „Robinson“ und „Bunter Hund“ getauft.

3 Welchen Tipp hat Joshua erhalten? Wie liest sich der Text nun?

4 Hat sich nach der Überarbeitung auch inhaltlich etwas geändert? Besprich dich mit deinem Nachbarn.

Bei seiner Überarbeitung benutzt Joshua einen Trick:

Mit verschiedenen Schwierigkeiten | wir | in den folgenden Tagen | mussten | fertig werden

5 Welche sinnvollen Sätze kannst du mit den Papierschnipseln bilden? Es gibt mehrere Möglichkeiten. Finde sie heraus und schreibe die Sätze auf.

Wörter oder Wortgruppen, die gemeinsam umgestellt werden können, bilden ein **Satzglied**. Die **Umstellprobe** hilft die Anzahl der Satzglieder zu ermitteln.

Heute Morgen konnten wir endlich auf große Fahrt gehen.
Wir lieferten den „Bunten Hunden“ so manche Wasserschlacht.
Wir überstanden fast trocken die Nacht in den Zelten.

6 Führe mit den Sätzen die Umstellprobe durch. Schreibe dazu Sätze auf ein Blatt Papier und kreise die Satzglieder ein. Schreibe alle Möglichkeiten in dein Heft.

7 Vergleiche dein Ergebnis mit dem deines Tischnachbarn.

8 Ermittle in den übrigen Sätzen aus Joshuas Text die Satzglieder durch die Umstellprobe. Schreibe dazu die Sätze auf ein Stück Papier und kreise ein, was gemeinsam umgestellt wird.

9 Überarbeite den Aufsatz von Joshua, indem du die Satzglieder umstellst und die sinnvollsten Möglichkeiten auswählst.

(Wir) (überstanden) (fast trocken) (die Nächte) (in den Zelten.)

(Fast trocken) (überstanden) (wir) (die Nächte) (in den Zelten.)

(In den Zelten) (überstanden) (wir) (fast trocken) (die Nächte.)

10 Vergleiche die Sätze. Welches Satzglied behält immer seinen Platz?

In Aussagesätzen bleibt ein Satzglied immer an zweiter Stelle.
Dieses Satzglied ist das **Prädikat** (Satzaussage). Das Prädikat besteht aus der Personalform des Verbs.

Grammatik → S.140

11 An welcher Stelle steht das Prädikat in Fragesätzen? Erkläre der Klasse.

Unsere Erde –

1 Betrachtet die Weltkarte. Suche mit deinem Partner die Gebiete, die durch ein Fähnchen gekennzeichnet sind, aus dem Atlas heraus und schreibe ihre Namen auf.

2 Ordnet die Gebietsnamen den Kontinenten zu. Notiert alle Informationen, die ihr dem Atlas entnehmen könnt oder die euch bekannt sind. Haltet eure Ergebnisse an einer Informationswand fest.

3 Sammelt Informationen über euren Wohnort, z. B. Fotos, Bilder, Prospekte, Gegenstände, Berichte …
Stellt sie in der Klasse vor und ergänzt eure Informationswand.

4 Entscheidet euch für einen Ort auf der Weltkarte und verfahrt wie in Aufgabe 3.

sehen, staunen, verstehen

Pulverfass Ätna

Liebe Rebecca,
ich schreibe ___ von der schönen Insel Sizilien. Im Sommer ist es hier so heiß, dass wir sogar im Schatten schwitzen. Weißt ___, auf Sizilien gibt es einen großen Vulkan, der schon oft ausgebrochen ist. Er heißt Ätna. Wahrscheinlich wirst ___ nicht verstehen, warum wir Sizilianer nach jedem Ausbruch immer wieder in unsere Häuser zurückkommen. ___ musst aber bedenken, dass es zum einen unsere Heimat ist und es zum anderen am Ätna sehr fruchtbaren Boden gibt. Stell ___ vor: Wir können mehrmals im Jahr Zitronen, Orangen, Aprikosen und vieles mehr ernten. Das könnt ___ in Deutschland bestimmt nicht. Außerdem ist der Ätna über 3000 Meter hoch, sodass Schnee auf seinen Gipfeln liegt. Und ob ___ es glaubst oder nicht, wir Italiener fahren sogar auf ihm Schi.
Viele Grüße an ___ vom unruhigen Ätna,
___ Vincent

1 Was wisst ihr bereits über den Ätna? Tauscht euch aus.

2 Lest den Brief vor und ergänzt die fehlenden Anredepronomen.

3 Schreibe den Brief vollständig ab und markiere die Anredepronomen farbig.

4 Welche Angaben macht Vincent über den Ätna? Unterstreiche sie farbig in deinem Heft und ordne sie anschließend folgenden Oberbegriffen zu:

Lage **Bevölkerung** **Temperatur/Niederschlag** **Besonderheiten**

5 Ordnet und ergänzt die Informationen an eurer Wand entsprechend den Oberbegriffen.

6 Überlege dir nun, an wen du schreiben möchtest. Vielleicht gibt es Brieffreundschaften mit einer Partnerschule.
Berichte über bemerkenswerte Dinge in deinem Wohnort. Die Informationswand hilft dir.

7 Lest euch eure Texte gegenseitig vor und macht Änderungsvorschläge.

8 Arbeite Vorschläge, die dir gut gefallen, in deinen Text ein.

9 Stellt eure Briefe in der Klasse aus.

Down Under ...

Liebe Rebecca,
einen herzlichen Gruß vom anderen Ende der Welt bei 29 °C im Dezember.
Der Prospekt aus Mamas Reisebüro soll dich auf deinen Besuch im April einstimmen. Viel Spaß beim Lesen und bis bald,
deine Maggi

Australien

„Der rote Kontinent" oder „Koala-Country", all diese Namen wecken Interesse am kleinsten und flachsten Kontinent der Welt. Mit seiner Küstenlänge, die beinahe den Umfang unserer Erde ausmacht, lädt er zum Erholen, Erleben und Verweilen ein. Australiens kosmopolitische Städte wie z. B. Sydney bieten Gelegenheit zum Shopping. Das Opernhaus, die berühmte Hafenbrücke und der weltberühmte Rettungsschwimmerwettbewerb lassen keine Langeweile aufkommen.
Aber auch die faszinierend wilde Outbacklandschaft mit der Kultur der Aborigines und ein Besuch des „Uluru", wie der Ayers Rock ebenfalls genannt wird, ist lohnenswert. Darüber hinaus verzaubert die Vielfalt des tiefgrünen Dschungels an der Ostküste Australiens.

1 Was wisst ihr bereits über Australien und welche Informationen enthalten die Texte? Tauscht euch in der Klasse aus.

Wörter aus verschiedenen Sprachen begegnen uns täglich. Oft kennen wir aber ihre Bedeutung oder ein anderes Wort für sie nicht.

2 Schreibe aus dem Text alle Fremdwörter und unbekannten Wörter heraus. Denke auch an die Überschrift oben auf dieser Seite.

3 Informiere dich über ihre Bedeutung und schreibe sie auf.

4 Vergleicht eure Ergebnisse.

5 Übernimm die schwierigen Wörter in deine Wörterkartei.

6 Entscheide, welche Wörter du üben möchtest. Wenn du sicher bist, übernimm sie in dein Wörter-Buch.

7 Schreibe nun den Text um, indem du möglichst viele Fremdwörter durch andere Wörter ersetzt.

8 Entwirf ein Rätsel für deine Mitschüler. Wähle dazu fünf Fremdwörter aus, schreibe eine kurze Erklärung und gib die Buchstabenanzahl vor.

Reisewünsche

Mit einer Reise können Wünsche, Träume und Hoffnungen verbunden sein.

Ich möchte am Great Barriere Riff tauchen.

Ich möchte einen Koala anfassen.

1 Überlege nun, was du auf einer Reise erleben möchtest. Schreibe deine Wünsche auf.

2 Sammelt eure Wünsche an der Tafel.

Ich möchte einen Koala anfassen , weil er so kuschelig aussieht.

(Hauptsatz) *(Nebensatz)*

Ich möchte tauchen , damit ich die Fische von nahem sehen kann.

(Hauptsatz) *(Nebensatz)*

3 Begründe oder erkläre deinen Wunsch nun näher.

Wenn du deine Wünsche näher begründest oder erklärst, entstehen Satzgefüge, in denen Haupt- und Nebensatz durch ein Komma voneinander getrennt sind.

Nebensätze erkennst du daran, dass sie mit einem „Einleitungswort" beginnen. Diese Einleitungs- oder Bindewörter heißen **Konjunktionen**. Die häufigsten Konjunktionen, die Nebensätze einleiten, sind: *dass, sodass, damit, obwohl, weil, wenn.* Der Satzteil, der mit diesen Wörtern eingeleitet wird, ist der **Nebensatz**, der andere der **Hauptsatz**. Zwischen beiden steht immer ein Komma.

Grammatik → S. 139

4 Wähle fünf Wünsche, die du als Satzgefüge aufschreibst. Markiere das Komma und die Konjunktion.

5 Schreibe mit den sechs häufigsten Konjunktionen eigene Satzgefüge auf. Markiere das Komma und die Konjunktion.

6 Schreibe deine fünf Wünsche noch einmal auf und beginne mit dem Nebensatz. Markiere wieder die Konjunktion und das Komma. Untersuche nun, an welcher Stelle im Nebensatz das gebeugte Verb steht. Ergänze die folgende Regel:

Nebensätze erkenne ich auch daran, dass in ihnen das gebeugte Verb immer .... des Satzes steht.

Brasilien – Heimat der Kakaopflanze

Liebe Rebecca,
ich komme gerade vom Geburtstag meiner Tante. Es gab Unmengen von Schokoladenbällchen. Meine Tante behauptet, dass ihr auch unseren brasilianischen Kakao für die Herstellung von Süßigkeiten verwendet. Stimmt das?
Dein Caio

1 Überprüfe die Behauptung von Caios Tante.

Bereits Kolumbus fiel bei seiner Reise zu den Westindischen Inseln auf, dass Kakaobohnen einen beträchtlichen Wert als Zahlungsmittel hatten. Für 100 Kakaobohnen konnte man einen Sklaven kaufen. Nach Afrika gelangte die Kakaopflanze erst Ende des 19. Jahrhunderts. Sie verbreitete sich dann so stark, dass dort mehr als die Hälfte der Weltproduktion erzeugt wird. Der Kakao ist eine empfindliche Tropenpflanze. Für das Wachstum braucht die Pflanze eine mittlere Jahrestemperatur von 24–28 °C und 2000 mm Niederschlag im Jahr, sodass die benötigte hohe Luft- und Bodenfeuchtigkeit entstehen kann. Der Kakaobaum gedeiht am besten unter anderen Pflanzen. Eine Frucht hat im Innern ungefähr 50 Samen (Bohnen). Für die Herstellung von zwei Tafeln Schokolade benötigt man 100 Kakaobohnen. Je höher der Kakaoanteil, desto teurer ist die Schokolade. Nach dem Schokoladenverzehr produziert der Körper Hormone, die glücklich machen. Menschen mit Kummer essen deshalb häufig Schokoladenmassen. Leider macht das aber auch dick, weil eine Tafel mehr als 500 Kalorien hat. Das ist so viel wie eine große Portion Spagetti mit Tomatensoße – also ein ganzes Mittagessen.

2 Was habt ihr aus dem Text Neues erfahren? Tauscht euch aus.

3 Gliedert in Partnerarbeit den Text und findet für jeden Abschnitt eine Überschrift.

4 Notiere mit deinem Partner zu jeder Überschrift die wichtigsten Stichworte. Schreibt anschließend eine kurze Zusammenfassung.

5 Entscheide dich mit deinem Partner für einen Abschnitt, sucht weitere Informationen und verfasst nur darüber einen Text.

6 Stellt eure Texte in der Klasse vor.

Kakao – nur eine süße Verführung?

Neun von zehn Leuten mögen Schokolade. Der Zehnte lügt.
(John Tullins, geboren 1953, amerikanischer Künstler und Karikaturist)

Wenn es stimmt, dass man ist, was man isst, dann bin ich ein Riegel Zartbitter-Schokolade von 114 Pfund.
(Lora Brody, amerikanische Köchin)

Sich von seiner Schokoladenseite zeigen.
(Volksmund)

1 Lest die Zitate und tauscht euch aus.

2 Du kennst bereits Konjunktionen. Welche findest du in den Zitaten?

3 Schreibe die Satzgefüge aus dem Text auf Seite 118 heraus, markiere das Komma und die Konjunktion.

4 Schreibe mit den gefundenen Konjunktionen weitere Sätze.

5 In einem der Satzgefüge wird der Nebensatz nicht durch eine Konjunktion eingeleitet. Finde das Satzgefüge heraus und suche dazu eine passende Regel.

Rezept: Schokolade

Schütte 1 Esslöffel Kakao und 75 Gramm Puderzucker in eine Rührschüssel. Füge anschließend 1 Esslöffel Wasser hinzu und mische die Zutaten gut durch. Lasse 1 Esslöffel Kokosfett auf dem Herd in einem kleinen Topf vorsichtig schmelzen. Rühre langsam das geschmolzene Kokosfett unter die Kakaomasse in der Rührschüssel. Füge am Schluss Nüsse, Rosinen, Krokant oder Sahne als Beigabe deiner Schokolade hinzu. Streiche die Kakaomasse auf ein Blatt Butterbrotpapier und lasse sie erkalten.

Guten Appetit!

6 Schreibe zum besseren Verständnis Zutaten und Arbeitsgeräte heraus.

7 Setze mit einem Partner das Rezept in eine Bildfolge um.

8 Schreibe mit einem Partner die einzelnen Arbeitsschritte kurz und treffend auf.

9 Suche dir einen Partner, der deine Arbeit ergänzt. Verknüpft Bild und Text so, dass ihr ein bebildertes Rezept erhaltet.

10 Wodurch unterscheidet sich das Schokoladenrezept von den heutigen Rezepten? Vergleiche mit neuen Kochbüchern.

Weiße Wüste

Hallo Rebecca,
heute habe ich im Erdkundeunterricht etwas Spannendes gelernt! Ich kenne jetzt einen Kontinent, von dem dich bestimmt keine Post erreicht. Errätst du ihn?
Dein Freund Mario

1 Betrachte die Bilder. Um welchen Kontinent handelt es sich? Begründe deine Vermutung.

…
Noch ehe ihn jemand gesehen hatte, vermutete man die Existenz eines großen Südkontinents. Der britische Seefahrer James Cook (1728–1779) drang als Erster über den südlichen Polarkreis hinaus. In den nächsten hundert Jahren folgten ihm Robben- und Walfänger, Forscher und Entdecker, die Karten von der antarktischen Küste anfertigten. Einer von ihnen war Clark Ross, ein hervorragender Seefahrer und Naturwissenschaftler. Er entdeckte auf einer Expeditionsfahrt die Position des Magnetpols.

Seine Mannschaft und ihn faszinierte vor allem die reiche Meeresfauna der südlichen Eisregion. Sie sahen Blauwale, die größten Tiere aller Zeiten und dichte Schwärme von Krill. Das sind kleine Krebstiere, die in den arktischen Gewässern eine wichtige Nahrungsquelle für Wale und Pinguine darstellen. Pinguine sind elegante Schwimmer, Taucher und Springer, die aus dem Wasser fast zwei Meter weit auf eine Eisscholle hüpfen.

2 Lies den Text, finde eine Überschrift und tausche dich aus.

3 Lest den Text in Gruppenarbeit noch einmal und wendet die Leseschritte von Seite 69 an. Findet außerdem zu den einzelnen Textabschnitten Überschriften. Bestimmt einen Protokollanten und einen Gruppensprecher.

4 Tragt eure Überschriften in der Klasse zusammen, ordnet ihnen die Stichworte zu und sammelt alles an der Informationswand.

5 Entscheide dich für eine Überschrift. Sammle weitere Informationen dazu und berichte in der Klasse darüber.

6 Entscheide dich für ein Stichwort. Informiere dich und berichte.

Leben im ewigen Eis

Im Text auf Seite 120 findest du Wörter mit doppelten Konsonanten (Mitlauten).

1 Schreibe die Wörter in dein Heft. Markiere die Doppelkonsonanten farbig.

2 Lest euch die Wörter gegenseitig vor und achtet besonders auf den Vokal (Selbstlaut) vor dem Doppelkonsonant.

3 Was fällt euch dabei auf?
Formuliert eine Regel. Schreibt sie auf.

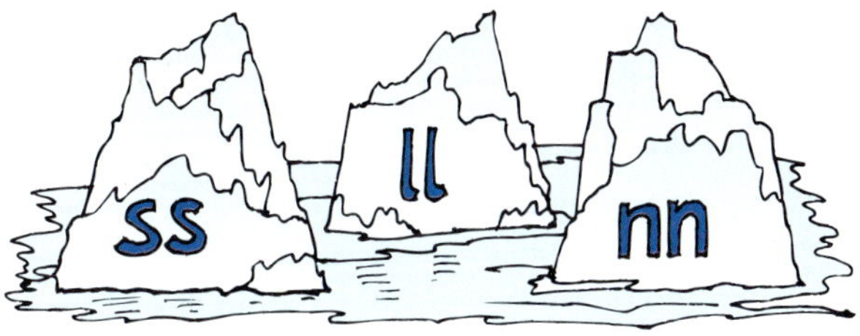

4 Finde Reimwörter.

5 Übernimm schwierige Wörter in deine Wörterkartei.

6 Entscheide, welche Wörter du üben möchtest.
Wenn du sicher bist, übernimm sie in dein Wörter-Buch.

Rechtschreiben → S.145

REISEN AUF DEM EWIGEN EIS
WER ZUM EISIGEN SÜDPOL GELANGEN WILL, NIMMT HEUTE NICHT MEHR DEN HUNDESCHLITTEN, SONDERN DAS FLUGZEUG. DAS KÖNNTE BALD ANDERS WERDEN. DIE AMERIKANER PLANEN EINE LANGE STRASSE DURCH DIE ANTARKTIS ZU BAUEN. DIESE KÖNNTE NUR IM SOMMER BENUTZT WERDEN. OB DA WOHL AUCH SCHILDER AUFGESTELLT WERDEN MIT DER AUFSCHRIFT: „VORSICHT, KREUZENDE PINGUINE!“?

7 Entwirf ein Verkehrsschild.

8 Notiere alle Wörter des Textes in einer Tabelle. Sortiere nach Nomen, Verben, Adjektiven und übrigen Wortarten.

9 Setze sie zu neuen (Unsinn-)Sätzen zusammen.

10 Du kannst die Wörter durch Ableitungen und Zusammensetzungen verändern, um zu neuen Sätzen zu gelangen. Markiere deine Ergänzungen farbig.

Unsere Erde – sehen, staunen, verstehen und anderen zeigen

11 Ihr habt sehr viele Informationen über verschiedene Regionen der Erde erhalten und zusammengesucht. Erarbeitet damit zu jedem Kontinent ein Plakat mit Klapptüren, hinter denen sich Erstaunliches und Interessantes verbirgt.
Stellt eure Arbeiten in der Schule aus. Teilt Schüler ein, die in den Pausen Fragen beantworten.

Unglaubliche Geschichten

1 Was wisst ihr über die abgebildete Person? Tauscht euch aus.

Schnell sprang Münchhausen auf die Kanonenkugel, um sich in die gegnerische Festung hineintragen zu lassen. Aber auf halbem Wege durch die Luft überlegte er plötzlich, wie er wieder aus der Festung herauskommen sollte. Er dachte, dass man ihn sogar als Spion an den Galgen bringen könnte. Als sich die Kugel schon senkte, schoss der Feind gerade wieder eine Kanonenkugel ab. Schnell sprang Münchhausen auf diese, flog zurück und erreichte gesund sein Lager.

2 Lies den Text. Überlege mit einem Partner, was das Unglaubliche an dieser Geschichte ist. Sucht den Satz heraus, in dem das Unglaubliche steht. Vergewissert euch in der Klasse, ob ihr dieselbe Textstelle gefunden habt.

Münchhausen hat viele unglaubliche Geschichten über seine Abenteuer, über die Jagd und seine Erlebnisse im Krieg erzählt.

3 Sammelt möglichst viele Münchhausen-Geschichten. Ihr könnt auch im Internet etwas finden.

4 Wähle aus einer Münchhausen-Geschichte Textausschnitte aus, die du vorlesen möchtest.

5 Wähle eine Münchhausen-Geschichte aus, aus der du das Unglaubliche erzählen möchtest.

6 Verabredet euch zu Arbeitsgruppen von vier Schülern. Stellt nun eure Münchhausen-Geschichten vor. Tauscht euch über das Unglaubliche aus.

Hieronymus Karl Friedrich Freiherr von Münchhausen

Münchhausen wurde am 11. Mai 1720 in Bodenwerder an der Weser geboren. 1732 trat er in den Hofdienst und wurde Page beim Prinzen von Braunschweig. Als der Prinz 1733 nach Russland reiste, trat Münchhausen in dessen Regiment ein. Später machte er als Offizier im Dienste der Zarin Karriere. In dieser Zeit begannen die Reisen und Abenteuer des Freiherrn von Münchhausen. 1750 kehrte er nach Bodenwerder zurück und lenkte die Geschicke seines Gutes bis zu seinem Tode 1797. Bereits zu Lebzeiten rühmte man ihn über die Landesgrenzen hinaus als brillanten, humorvollen Erzähler. Zu Weltruhm und Unsterblichkeit verhalfen dem Freiherrn von Münchhausen Autoren, die seine Geschichten in englischen und deutschen Buchausgaben veröffentlichten. Münchhausen selbst schätzte die Bücher dieser Autoren, die ihm den Beinamen „Lügenbaron" einbrachten, keineswegs. Er sah sich darin seiner Geschichten und seiner unverwechselbaren Erzählkunst beraubt.

1 Welche Fragen sind beim Lesen entstanden? Tauscht euch aus.

2 Forscht nach Antworten auf eure Fragen in Büchern oder im Internet. Stellt eine Materialsammlung zusammen.

3 Notiert in Partnerarbeit wichtige Zeitpunkte und Ereignisse in Münchhausens Leben. Ordnet sie in einem Zeitstrahl an. Findet zu einigen Daten Anschauungsmaterial (Bilder, Texte, Landkarten ...).

4 Bildet Gruppen und erarbeitet ein Interview für eine Talkshow. Ihr könnt so verfahren:
- Verteilt die Rollen (Interviewer, Ansager, Münchhausen ...).
- Legt fest, wie alt Münchhausen ist.
- Die Interviewer entwickeln Fragen zu den Themen „Familie", „Reisen" und „Berufsweg".
- „Münchhausen" beschäftigt sich mit seinem Leben und seinen Eigenschaften.
- Überlegt euch Requisiten für die Talkshow.

5 Präsentiert eure Ergebnisse und sprecht über eure Eindrücke.

TIPP

Wie ihr euer Material auf einem Plakat darstellen könnt, erfahrt ihr im Kapitel „Wälder sind mehr als Bäume" auf Seite 101.

Dichten wie Münchhausen

Ich sah eine Mücke, die **zog**
Ich sah einen Stuhl, der lachte
Ich sah eine Kirsche, die fraß
Ich sah einen Hahn, der fegte
Ich sah einen Affen, der ging
Ich sah einen Wind, der drehte
Ich sah einen Käse, der sagte
Ich sah eine Frau, die fand

\+

einen Elefanten und **log**.
einen Mann, der im Kirschbaum saß.
wegen des Sofas, das krachte.
sich lustig, wenn der Hahn so wehte.
alles lustig, was auf dem Kopf stand.
„Mahlzeit“, bevor er Mäuse annagte.
sein Nest, bevor er ein Riesenei legte.
auf Händen, wenn er Löwen fing.

1 Suche die Reimpaare und lies die Lügenverse vor.

2 Schreibe die Lügenverse auf und unterstreiche die Reime.

3 Schreibe die Reimwörter heraus und suche dazu den Infinitiv. Ordne so:

Grammatik → S.135

Wortstamm verändert sich nicht im Präteritum	Wortstamm verändert sich im Präteritum
lachte – lachen	zog – ziehen
…	…

TIPP

Wie ihr mit Wendekarten üben könnt, steht im Kapitel „Tiere“ auf Seite 37.

4 Übe mit einem Partner auf Wendekarten die Präteritumformen der Verben, deren Wortstamm sich verändert.

5 Dichtet in Partnerarbeit weitere Lügenverse auf Pappstreifen und heftet sie an die Tafel.

6 Zeichne zu den alten und neuen Lügenversen passende Bilder. Verwende die Pappstreifen als Bilduntertitel.

Ein Jagdabenteuer

Ein anderes Mal, aber im gleichen Jagdrevier, stoße ich ganz unerwartet auf einen kapitalen Hirsch, und ausgerechnet an jenem Morgen habe ich gerade die letzte Flintenkugel verschossen! Das stattliche Tier scheint das zu ahnen und blickt mir, statt auszureißen, beinahe ein bisschen unverschämt ins Gesicht. Weil mich das ärgert, lade ich meine Büchse mit Pulver, streue eine Hand voll Kirschkerne drauf, die ich in der Rocktasche gehabt habe, ziele zwischen das Geweih des Hirsches und schieße. Er taumelt, als sei er betäubt, trabt dann aber auf und davon.
Ein oder zwei Jahre danach jage ich wieder einmal im gleichen Revier, und plötzlich taucht vor mir ein prächtiger Hirsch auf mit einem veritablen Kirschbaum zwischen dem Geweih! „Warte!“, denke ich, „diesmal entkommst du mir nicht!“ Ich strecke ihn mit einem Blattschuss nieder. Und da sein Kirschbaum voller Kirschen hängt, gibt es am nächsten Sonntag Hirschrücken mit Kirschtunke. Ich kann euch sagen, es ist ein delikates Essen!

1 Was kommt euch an der Geschichte unglaublich vor?

2 Notiere Wörter, die dir unbekannt sind. Klärt ihre Bedeutung.

3 Übernimm die schwierigen Wörter in deine Wörterkartei.

4 Entscheide, welche Wörter du üben möchtest. Wenn du sicher bist, übernimm sie in dein Wörter-Buch.

5 Münchhausen-Geschichten wurden immer im Präteritum erzählt.
Die Geschichte auf dieser Seite ist im Präsens erzählt. Was meint ihr dazu?
Tauscht euch aus.

6 Schreibe die Geschichte im Präteritum auf.

7 Ergänze deine Tabelle mit den Verben, bei denen sich der Wortstamm im Präteritum verändert.

8 Übe die unregelmäßigen Präteritumformen mit einem Partner.
Fertigt euch dazu weitere Wendekarten an.

Nonsens-Geschichten: Storch, Mops und Frosch

Wenn der Mops mit der Wurst
über'n Spucknapf springt.
Und der Storch in der Luft den Frosch verschlingt.

Wenn der Storch mit dem Mops
über'n Spucknapf springt.
Und der Frosch in der Luft die Wurst verschlingt.

1 Lest die Sätze in der Klasse vor. Kennt ihr auch solche Verse? Erzählt euch davon.

2 Lest euch die Sätze gegenseitig vor. Der Zuhörer schließt dabei die Augen. Anschließend wiederholt er, was er sich merken konnte. Sprecht über eure Erfahrungen.

Um die Sätze besser zu verstehen, hilft es dir, wenn du weißt, wer was tut.

Was tut der Mops?
Der Mops ________.

Wer oder was springt?
________ springt.

Was tut der Storch?
Der Storch ________.

Wer oder was verschlingt?
________ verschlingt.

3 Stelle die Fragen und beantworte sie. Arbeite im Heft.

4 Betrachte die Zeichnungen erneut. Was tun die Tiere noch? Schreibe die Fragen und Antwortsätze auf. Markiere Subjekt und Prädikat.

5 Schreibe eigene Sätze. Bestimme Subjekt und Prädikat.

Der Mops, ... dem Storch, ... den Spucknapf

Der Storch schnappt ... den Frosch weg.

In der Luft verfolgt der Storch ...

Die Wurst verschlingt ... im Spucknapf.

In der Luft springt der Spucknapf ... weg.

1 Ergänze die Sätze und schreibe sie vollständig auf. Besprich dich mit einem Partner.

Wem schnappt der Storch die Wurst weg?

Wen oder was verfolgt der Storch?

Wem springt der Spucknapf weg?

Wen oder was verschlingt die Wurst?

2 Überprüft mithilfe der Fragen, ob eure Sätze sprachlich richtig sind.

3 Übe nun mit deinem Partner. Stellt euch gegenseitig Fragen, die immer nach dem Satzglied „Mops" als Ergänzung fragen.

4 Schreibe einige Frage- und Antwortsätze in dein Heft.

Satzglieder, die das Prädikat ergänzen können, nennt man **Objekte**.
Nach dem **Dativobjekt** fragst du mit „**wem**?".
Nach dem **Akkusativobjekt** fragst du mit „**wen** oder **was**?".

Grammatik → S. 141

5 Setze für „der Mops" ein anderes Nomen ein. Entscheide dich für: „der Storch", „die Wurst", „der Spucknapf", „die Luft" oder „das Himmelbett". Schreibe die Sätze in dein Heft. Bestimme die Objekte, indem du nach ihnen fragst.

6 Schreibe eigene Sätze zu den Bildern auf der gegenüberliegenden Seite. Bestimme die Objekte, indem du nach ihnen fragst.

7 Lest eure Sätze und Fragen in der Klasse vor. Markiert dann die Objekte mit verschiedenen Farben.

Erzählen – fabulieren – berichten ...

Wer hat was gesagt?
Im Fluss schwimmt ein Fisch.
Wer hat gesagt, dass es ein Fisch ist?
Der quakende Frosch sagte es.
Wer hat gesagt, dass es der Frosch war?
Der meckernde Ziegenbock sagte es.
Wer hat gesagt, dass es der Ziegenbock war?
Der Greis, der die Stute melkt, sagte es.
Wer hat gesagt, dass es der Greis war?
Der Knabe, der auf dem Fohlen reitet, sagte es.
Wer hat gesagt, dass es der Knabe war?
Die Lämmer, die der Knabe hütet, sagten es.
Wer hat gesagt, dass es die Lämmer waren?
Das Junge der roten Antilope sagte es
und das gepunktete Kind der braunen Antilope
und die Hügel, die sie besteigen, und
die Schluchten, die sie überspringen,
alle sagten es, alles sagte es!

1 Lies das Gedicht leise.

2 Lest euch das Gedicht gegenseitig laut vor.

3 Tauscht euch über eure Eindrücke aus. Kennt ihr andere solcher Erzählketten?

4 Bildet eine Gruppe von höchstens vier Personen und lest das Gedicht mit verteilten Rollen. Ihr könnt euren Gedichtvortrag auch szenisch darstellen.

5 Suche dir einen Partner und schreibt ein Parallelgedicht. Verwendet dafür andere Tiere, Personen und Orte.

6 Stellt eure Ergebnisse in der Klasse vor.

… sagen – wispern – tönen …

In dem Gedicht auf Seite 128 wird sehr oft das Verb „sagen“ verwendet.

1 Schreibe das Gedicht ab und ersetze an sinnvollen Stellen das Verb „sagen“ durch ein anderes.

2 Lest eure Gedichte in der Klasse vor und sprecht über die Ergebnisse.

Es gibt viele Wörter, die eine bestimmte Art des Sprechens zum Ausdruck bringen.

	mit anderen	allein	deutlich	undeutlich
laut	… meckern			
leise				nuscheln …

3 Übertrage die Tabelle in dein Heft.

4 Suche dir einen Partner und sammelt in den Feldern der Tabelle alle Verben des Wortfelds „sagen“, die euch einfallen.

5 Tragt eure Ergebnisse in der Klasse zusammen.

6 Fertigt mit allen Wörtern ein Lernplakat zum Wortfeld „sagen“ an. Hängt es in der Klasse auf. Lasst Platz für Ergänzungen.

7 Bildet Gruppen mit vier Schülern. Wählt jeweils zu zweit mindestens drei Verben aus dem Wortfeld „sagen“. Formuliert mit jedem Verb einen Satz. Sprecht und spielt ihn vor. Die anderen Gruppenmitglieder versuchen das Verb zu erraten.

8 Ihr habt Gereimtes, Ungereimtes, Unglaubliches und mehr kennen gelernt. Wählt die schönsten, lustigsten oder bemerkenswertesten Arbeiten aus und organisiert eine Vorlesestunde für andere Klassen, Eltern oder Freunde.

Grammatik zum Nachschlagen

Wortlehre

Nomen

Das **Nomen** (Substantiv, Hauptwort) benennt Lebewesen, Dinge und Abstrakta (Gefühle, Zustände, ...).
Nomen kann man im **Singular** (Einzahl) und **Plural** (Mehrzahl) gebrauchen.
Zu jedem Nomen gehört ein **Artikel**. Am Artikel erkennt man das grammatische Geschlecht des Nomens.

		Singular	Plural
männlich	(maskulin)	der Hund	die Hunde
weiblich	(feminin)	die Tochter	die Töchter
sächlich	(neutral)	das Kind	die Kinder

Spiel – Sport – Wasserball – Sportstunde – Tanz – Sportzeitschrift – Turnschuh – Sportler – Turnier – Spielregel – Tänzerin – Würfel – Sportverein – Wettkampf – Sportgerät

1 Schreibe die Wörter nach ihrem grammatischen Geschlecht geordnet auf.

2 Ergänze deine Übersicht mit weiteren Beispielen, die du in deinen Heften findest. Achte auf die Großschreibung der Nomen.

Nomen können aus mehreren **Wortbausteinen** bestehen.

Vorsilbe	Wortstamm	Endung
Ver	bind	ung

Vorsilbe	Wortstamm	Endung
VOR	STELL	
ER	HALT	KEIT
VER	STEH	HEIT
AUF	GEB	NIS
ENT	ORD	UNG
	SICHER	

3 Bilde mit jeweils einer Vorsilbe, einem Wortstamm und einer Endung Nomen und schreibe sie mit dem Artikel im Singular und Plural auf.

4 Kennzeichne die Wortbausteine in verschiedenen Farben und überprüfe, ob du den Wortbeginn großgeschrieben hast.

Nomen werden in vier verschiedene **Fälle** gesetzt.

Fälle (Kasus)		Singular	Plural
1. Nominativ	(Wer-Fall)	der Hund	die Hunde
2. Genitiv	(Wessen-Fall)	des Hundes	der Hunde
3. Dativ	(Wem-Fall)	dem Hund	den Hunden
4. Akkusativ	(Wen-Fall)	den Hund	die Hunde
1. Nominativ		die Blume	die Blumen
2. Genitiv		der Blume	der Blumen
3. Dativ		der Blume	den Blumen
4. Akkusativ		die Blume	die Blumen
1. Nominativ		das Kind	die Kinder
2. Genitiv		des Kindes	der Kinder
3. Dativ		dem Kind	den Kindern
4. Akkusativ		das Kind	die Kinder

Einige Nomen gibt es nur im Singular (*der Mut*), einige nur im Plural (*die Eltern*).

5 Suche weitere Nomen, für die sich nur die Einzahl oder die Mehrzahl bilden lassen.

<u>Der Sportler</u> gewann <u>den Wettkampf</u>.
<u>Die Kampfrichter</u> gratulierten <u>den Teilnehmern</u>.
Nicht immer wurden <u>die Spielregeln</u> eingehalten.
<u>Den Zuschauern</u> gefiel <u>das Spiel</u>.

6 Bestimme Fall (Kasus) und Numerus (Singular/Plural) der unterstrichenen Wörter. Wenn du Zweifel hast, benutze die Tabelle oben.

Wale

Wale nennt man auch Riesen ___ (das Meer). Der größte Wal ist ___ (der Blauwal). Nur ___ (der Pottwal) hat annähernd ___ (die Größe) ___ (ein Blauwal). Selbst ein Dinosaurier erreicht nicht ___ (das Gewicht) ___ (der Blauwal). Schwierig ist es allerdings, für ___ (der riesige Körper) ___ (der Wal) genügend Nahrung aufzutreiben. Tiere ___ (diese Größe) haben kaum natürliche Feinde.

7 Setze die Nomen in der passenden Form ein und schreibe den Text ab.

Zwei Nomen können zu einem neuen Nomen zusammengesetzt werden.
Beispiel: *die Hand – der Ball* ➠ *der Handball*

Bestimmungswort	Grundwort
Hand	Ball

Das grammatische Geschlecht eines **zusammengesetzten Nomens** richtet sich nach dem Grundwort.

ZAUBERBUCHSEITENZAHLWORTSCHLANGENHAUT

1 Finde aus der Wörterschlange zusammengesetzte Nomen heraus und setze die Wörterschlange fort.

2 Schreibe die zusammengesetzten Nomen mit Artikel auf:
das Zauberbuch, die Buchseiten, …

3 Denke dir eine Wörterschlange aus. Suche jemanden, der sie entschlüsselt.

4 Wähle aus deiner Wörterkartei oder deinem Wörter-Buch ein Wort als Grundwort aus und suche viele Zusammensetzungen.

5 Wähle nun ein weiteres Wort aus der Wörterkartei oder deinem Wörter-Buch als Bestimmungswort und suche Zusammensetzungen.
Beispiel: *das Kind: der Kindertag, der Kindergarten, …*

Zusammengesetzte Nomen können an der Stelle, an der sie zusammengesetzt sind, einen oder mehrere Buchstaben enthalten, damit man sie leichter sprechen kann.
Beispiel: *die Spielesammlung*

Weihnachten – Geschenk – Überraschung – Geburtstag – Lied – Gruß

6 Bilde mit diesen Wörtern Zusammensetzungen und schreibe sie auf.
Achte besonders auf die Nahtstelle beider Nomen und markiere sie farbig.
Finde weitere Beispiele.

Artikel

Artikel begleiten das Nomen. Sie kennzeichnen das grammatische Geschlecht (Genus) des Nomens. Man unterscheidet **bestimmte** und **unbestimmte** Artikel.

		bestimmter Artikel	unbestimmter Artikel
männlich	(maskulin)	**der** Schrank	**ein** Schrank
weiblich	(feminin)	**die** Hose	**eine** Hose
sächlich	(neutral)	**das** Bein	**ein** Bein

Motor – Junge – Moos – Leiter – Band – Liter – Schnipsel – Tor – Meter – Keks – Kiefer – Tau

1 Schreibe die Wörter mit ihrem bestimmten Artikel auf.

2 Suche Nomen, die zwei verschiedene Artikel haben können. Nutze dazu ein Wörterbuch.

Adjektiv

Das **Adjektiv** gibt Eigenschaften von Lebewesen, Dingen oder Abstraktem an.
Beispiel: *groß, süß, grün*

1 Auf Seite 14 findest du die Abbildung einer urzeitlichen Höhle. Wie wirkt diese Höhle auf dich? Finde mindestens acht treffende Adjektive und schreibe sie untereinander auf.

An Höhlenwänden kann man ___ Zeichen und Symbole erkennen. Oft erscheinen sie in ___, ___ Gängen, als sollten sie verborgen bleiben. ___ Forscher arbeiten sich durch die ___ Höhlengänge. Sie freuen sich über einen ___ Fund.

schmal – mutig – entlegen – langsam – riesig – vielfältig – neu – verschlungen

2 Die Adjektive können dir helfen, den Text interessanter und informativer zu gestalten.
Ergänze den Text durch passende Adjektive und schreibe ihn in dein Heft.

Popstar – Computerfachmann – Marathonläufer – Motorradfahrer – Surfer

3 Finde zu den Nomen passende Adjektive. Du kannst auch mehrere Adjektive für ein Nomen verwenden.

Adjektive lassen sich steigern. Man unterscheidet die **Vergleichsstufen** (Steigerungsstufen):

Positiv	(Grundstufe)	laut
Komparativ	(1. Vergleichsstufe)	lauter
Superlativ	(2. Vergleichsstufe)	am lautesten

4 Steigere die Adjektive auf Seite 133 und ergänze deine Sammlung mit eigenen Beispielen.

5 Kennzeichne die Endungen der Adjektive im Komparativ und Superlativ.

Sina *Karla* *Ben* *Niklas* *Jule*

6 Vergleiche die Kinder. Finde möglichst viele Unterschiede und beschreibe sie in Vergleichssätzen mit „als“.
Beispiel: *Sina hat längere Haare als Niklas.*

Adjektive können aussagekräftiger werden, wenn man sie zusammensetzt.
Zusammensetzungen sind möglich aus:
Nomen und Adjektiv: *taghell, zitronengelb*
Adjektiv und Adjektiv: *hellblau, tieftraurig*

Bestimmungswort	Grundwort
himmel	blau

7 Bilde möglichst viele Zusammensetzungen mit: *blau, lang, dunkel, stark*

8 Suche in deiner Wörterkartei oder deinem Wörter-Buch nach Adjektiven und bilde weitere Zusammensetzungen.

Verb

Ein **Verb** (Zeitwort, Tätigkeitswort) gibt an, in welcher Zeit etwas geschieht oder getan wird.
Die Grundform des Verbs heißt **Infinitiv**: *finden, singen*
Im Satz werden Verben in der gebeugten (finiten) Form verwendet.
Die gebeugten Formen nennt man auch **Personalformen**.

	Singular	Plural
1. Person	ich finde	wir finden
2. Person	du findest	ihr findet
3. Person	er, sie, es findet	sie finden

BUCHREIMENSCHREIBENHEUTEMALENOFTKLEBENABENDHIERGESTALTEN
ANDERSLESENSPIELENZEIGENFEINSINGENALTZUSAMMENGRÜNARBEITEN
SCHWIMMENDUNKELBLAUDORTIHRSPRINGENGESANGBEIDEUNTERESSEN
STREITENDU

1 Suche alle Verben heraus und schreibe sie untereinander. Schreibe daneben eine selbst gewählte Personalform und bestimme sie.
Beispiel: *singen – du singst – 2. Person Singular*

Um auszudrücken, wann etwas geschehen ist, setzt man das Verb in verschiedene **Zeitformen**.

Zeitstufen	Gegenwart	Vergangenheit	
Zeitformen	**Präsens**	**Präteritum**	**Perfekt**
	ich esse	ich aß	ich habe gegessen

2 Wähle ein Verb und schreibe es im Präteritum und im Perfekt in allen Personalformen auf.

Vorderseite:	*Rückseite:*
er hat gesehen	*3. Person Perfekt*

3 Wähle nun zu einigen Verben in verschiedenen Zeitformen unterschiedliche Personalformen und schreibe diese auf Wendekarten.

4 Übe mit deinen Wendekarten so lange, bis du dich sicher fühlst.

Pronomen

Personalpronomen können Nomen ersetzen.

	Singular	Plural
1. Person	ich	wir
2. Person	du	ihr
3. Person	er, sie, es	sie

Wir haben eine Neue

Wir haben eine Neue in der Klasse. Manchmal lacht sie mich so an. Dann wird mir immer ganz komisch. Aber das Komische ist schön. Es kribbelt überall und meine Ohren werden ganz warm. Sie lacht wunderbar. Ihr ganzes Gesicht lacht. Der Mund lacht, die Augen lachen, die Grübchen lächeln. Sogar die Nase lacht ein bisschen. Jetzt kann ich sogar unseren Lehrer leiden. Ich möchte nur wissen, woher das kommt.

Wolfgang Fischbach

1 Lies den Text.

2 Setze für „eine Neue" „einen Neuen" ein und achte darauf, welche Personalpronomen sich dadurch verändern.

3 Schreibe den Text mit neuer Überschrift und den veränderten Pronomen ab.

Possessivpronomen können ein Besitzverhältnis oder enge Zugehörigkeit ausdrücken.

	Singular	Plural
1. Person	mein	unser
2. Person	dein	euer
3. Person	sein, ihr, sein	ihr

... sie hebt sie auf und in Sekundenschnelle verschwindet sie unter ihrem Pullover. Ihr Herz klopft, sie presst die Hand auf ihren Bauch, damit das verdammt schwere Ding nicht rausfällt. Plötzlich kommen die anderen angerannt und gucken sie verwundert an. Hämisch grinsend fragen sie: „Hat unsere Nele Bauchschmerzen?" „Was wisst ihr schon!", denkt Nele. Es klingelt, wieder rein in die Klasse und jetzt sind ihre Beine weicher als zuvor. Die Brieftasche brennt heiß auf ihrem Bauch ...

4 Lies den Textauszug mehrmals. Versuche die Situation zu verstehen.

5 Ersetze die Personalpronomen „sie" mit passenden Nomen. Notiere sie auf einem Zettel und schreibe dann den veränderten Text in dein Heft.

6 Stelle dir vor, der Text handelte von einem Jungen. Denke dir einen Namen aus. Schreibe den Text mit den passenden Pronomen ab.

Adverb

Das **Adverb** ist eine unveränderliche Wortart. Es gibt Antwort auf die Fragen

Wo? (Raum / Ort)	Wann? (Zeit)	Wie? (Art und Weise)	Warum? (Begründung)
hier	*heute*	*gern*	*deshalb*
dort	*anfangs*	*sehr*	*darum*

selten – manchmal – gern – deshalb – anfangs – meistens

Viele Schüler spielen ___ Theater. ___ stellen sie sich das Proben leichter vor. ___ haben sie ___ großes Interesse. ___ sind sie mit Feuereifer dabei. Nicht ___ hilft das Lernen der Texte auch in der Schule.

1 Lies den Text und ergänze ihn mit passenden Adverbien.

2 Schreibe die vollständigen Sätze ab und unterstreiche die Adverbien.

überall – kaum – aufgrund – bisher – vielleicht – gleich – wegen

3 Bilde weitere Sätze mit diesen Adverbien.

Präposition

Präpositionen (Verhältniswörter) bezeichnen ein Verhältnis zwischen Dingen, Personen usw. Sie drücken örtliche, zeitliche oder andere Verhältnisse aus.
Die häufigsten Präpositionen sind: *mit, nach, von, auf, bei, in*
Die Präposition bestimmt den Artikel. Häufig verschmelzen Präposition und Artikel, z. B.:

an dem ➠ *am* *zu dem* ➠ *zum* *bei dem* ➠ *beim*

Sie findet das Buch ___ Regal.
Er sucht die Schuhe ___ Schrank.
___ Baum fanden sie viele Pilze.

1 Vervollständige die Sätze mit Präpositionen und den richtigen Artikeln. Finde mehrere Möglichkeiten.

2 In welchem Fall steht jeweils die Wortgruppe, die der Präposition folgt?

3 Sieh dich in deiner Umgebung um und beschreibe, wie die Menschen oder Dinge zueinander stehen, liegen, sitzen, hängen …
Beispiel: *Die Blumenvase steht <u>neben</u> dem Schrank.*

Satzlehre

Satzarten

Satzarten erkennt man an den unterschiedlichen Satzschlusszeichen.

Aussagesatz	Wir gehen ins Schwimmbad.
Fragesatz	Kommst du mit?
Aufforderungssatz	Komm schnell her!
Ausrufesatz	Hallo, Tom!

Von Fenster zu Fenster

Anna: Hallo, Ben Kannst du mich hören

Ben: Nein, Anna, der Lärm da unten kann mich nicht stören

Anna: Ben, kommst du mit mir ins Hallenbad

Ben: Was, dir ist fad Dann komm doch rüber zum Spielen

Anna: Ja, ich bin fertig mit dem Spülen Also kommst du mit

Ben: Wieso zu dritt Wir können doch gut zu zweit spielen Ich hab eine Idee …

Anna: Wieso im See Der ist jetzt zu kalt Außerdem ist es mir zu weit

Ben: Was heißt, du hast keine Zeit Hast du denn deine Hausaufgaben noch nicht gemacht

Anna: Ich hab doch gar nicht gelacht Ich hab nur vorgeschlagen ins Hallenbad zu gehen Also wie sieht's aus

Ben: Du bleibst zu Haus Dann spiele ich eben allein

Anna: Du findest das fein Ich hole meine Badesachen

Ben: Ja, finde das ruhig zum Lachen Anna, ich bleibe auch zu Hause

Anna: Gut Wir sehen uns dann unter der Brause

Helge M. A. Weinrebe

1 Lies den Text und bestimme die Satzarten.

2 Schreibe die Sätze mit Satzschlusszeichen ab.

Satzgefüge

Ein **Satzgefüge** besteht aus einem **Hauptsatz** und einem **Nebensatz**. Haupt- und Nebensatz können durch **Konjunktionen** (z. B. *dass, weil, obwohl, da, wenn*) miteinander verbunden werden.
Haupt- und Nebensatz werden durch ein Komma voneinander getrennt.

Ich hoffe	,	dass unser Theaterstück vielen Menschen gefällt.
(Hauptsatz)		*(Nebensatz)*

Obwohl er krank war	,	spielte er seine Rolle gut.
(Nebensatz)		*(Hauptsatz)*

Ich wünsche mir dass sich die Streitenden wieder vertragen.
Er fühlte sich ungerecht behandelt weil ihm niemand geglaubt hat.
Auf dem Schulhof hatten wir ein Problem sodass ich heute sehr wütend war.

1 Lies die Satzgefüge. Schreibe sie in dein Heft, ergänze fehlende Satzzeichen, markiere das Komma und unterstreiche den Nebensatz.

Das Publikum war begeistert, ...
Der Schauspieler gab sich Mühe, ...
Nach der Vorstellung behauptete sie, ...

2 Ergänze jeden Hauptsatz mit mehreren Nebensätzen und schreibe die Satzgefüge auf.

Satzglieder

Satzglieder sind Teile des Satzes (Wörter oder Wortgruppen), die geschlossen umgestellt werden können.
Die Umstellprobe hilft die Anzahl der Satzglieder zu bestimmen.

Eisbären durchqueren auf ihren breiten Pfoten weite Strecken durch Eis und Schnee.

1 Schreibe den Satz auf einen Papierstreifen. Erprobe beim Lesen, welche Wörter und Wortgruppen umgestellt werden können, und kreise sie ein.

2 Zerschneide den Streifen in die einzelnen Satzglieder. Finde durch das Verschieben der Teile heraus, wie viele Möglichkeiten der Umstellung es gibt. Schreibe die Sätze auf.

Prädikat

Ohne **Prädikat** (Satzaussage) kann kein Satz entstehen. Das Prädikat steht im Aussagesatz an zweiter Stelle. Das einfache Prädikat besteht aus der finiten Verbform.

(In Indien) (feiert) (man) (viele Feste.)

(Viele Feste) (feiert) (man) (in Indien.)

Mehrteilige Prädikate bilden eine Verbklammer.
Das Fest war gut vorbereitet. Sie teilt jetzt die Süßigkeiten aus.

Zum Karneval – die Menschen – ausgelassen – auf den Straßen
Geschenke – allen – Kindern – Freude
Sie – ihren Freunden – eine Einladung

1 Bilde mit jeweils einem Prädikat vollständige Sätze. Unterstreiche das Prädikat.

herauskommen – auspacken – abgeben – zugeben

2 Verwende diese Verben in Sätzen. Zeichne die Verbklammer ein.
Beispiel: *Manuel kommt aus dem Haus heraus.*

Subjekt

Das **Subjekt** (Satzgegenstand) ermittelt man mit der Frage „Wer oder was?“.

Der hungrige Wolf schlich gelangweilt durch den Wald.
Wer oder was schlich gelangweilt durch den Wald? der hungrige Wolf

Heute war er auf der Suche nach einem Leckerbissen.
Wer oder was war auf der Suche nach einem Leckerbissen? er

Der Wolf sprach mit dem Reiher. Er bat ihn um eine Kleinigkeit. Im Hals des Wolfes steckte ein Knochen. Der Reiher sollte ihn mit seinem spitzen Schnabel entfernen. Dafür versprach der Wolf dem Reiher eine Belohnung. Schließlich entfernte der Reiher den spitzen Knochen. Daraufhin forderte der Retter seine Belohnung. Der Wolf aber erfand allerlei Ausreden.

1 Erfrage in jedem Satz das Subjekt.

2 Schreibe die Sätze ab und unterstreiche die Subjekte.

Das **Akkusativobjekt** ermittelt man mit der Frage „Wen oder was?“.

Der Trainer ruft den Sportler.
Wen oder was ruft der Trainer? den Sportler

Akkusativobjekt

Opa betritt	ihre Turnschuhe
Judith trägt	die Bauchmuskeln
Ben isst	die Tanzfläche
Laura sucht	den Speer
Tobi trainiert	den Müsliriegel
Michel schleudert	das Snowboard

1 Bilde Sätze und erfrage das Akkusativobjekt. Kennzeichne es in jedem Satz.

2 Stelle die Sätze so um, dass das Akkusativobjekt am Anfang des Satzes steht. Wie verändert sich die Bedeutung?

3 Denke dir Sätze mit Akkusativobjekten aus. Verwende dabei Nomen aller Geschlechter, wechsle Singular und Plural.

Das **Dativobjekt** ermittelt man mit der Frage „Wem?“.

Der Trainer hilft dem Sportler.
Wem hilft der Trainer? dem Sportler

Dativobjekt

gratulieren – geben – begegnen – helfen

1 Bilde mit diesen Verben Sätze, in denen ein Dativobjekt verwendet wird. Kontrolliere mit der Frage „Wem?“, ob du ein Dativobjekt verwendet hast.

2 Schreibe die Sätze auf und unterstreiche das Dativobjekt.

Die neuen Schi gehören dem Mädchen.
Die Schwimmsportler trainieren täglich ihre Armmuskeln.
Der Wettkampf ist ihr sehr wichtig.
Der Trainer zeigt dem Sportler einen Trick.

3 Bestimme durch die Umstellprobe die Anzahl der Satzglieder.

4 Schreibe die Sätze ab, kennzeichne und beschrifte alle dir bekannten Satzglieder.

Rechtschreiben zum Üben

Wir schreiben nicht immer so, wie man spricht

Fast die Hälfte aller Wörter schreibt man so, wie man sie spricht. Bei manchen Wörtern weicht die Schreibung aber vom Sprechen ab. Dann muss man Rechtschreibwissen haben, um sie richtig schreiben zu können.

1 Denke über das folgende Beispiel nach, das dir erklärt, warum man in manchen Fällen nicht so schreibt, wie man spricht.

Sprich das Wort „Fahrrad" laut.

Man hört nur ein „r", schreibt aber zwei.

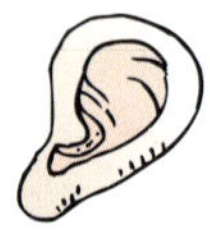

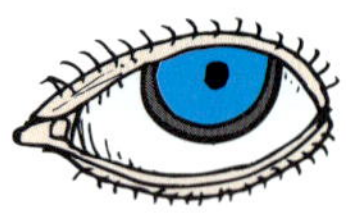

Beim Lesen erkennt das Auge die Wortbedeutung besser, wenn die Wortstämme „fahr" und „rad" beibehalten werden.

Weil das Rechtschreiben dich ein Leben lang begleiten wird, findest du hier zusätzlich zur Wörterkartei und zum Wörter-Buch weitere Anregungen: den Übungsfächer, Tipps zum cleveren Rechtschreiben und Übungsmöglichkeiten zu den übrigen Kapiteln im Sprachbuch.

2 Stelle dir einen Übungsfächer her:
Schneide ein DIN-A4-Blatt aus festem Karton in 2,5 cm breite Streifen.
Übertrage die Übungsideen und hefte die Streifen mit einer Musterklemme zu einem Übungsfächer zusammen.

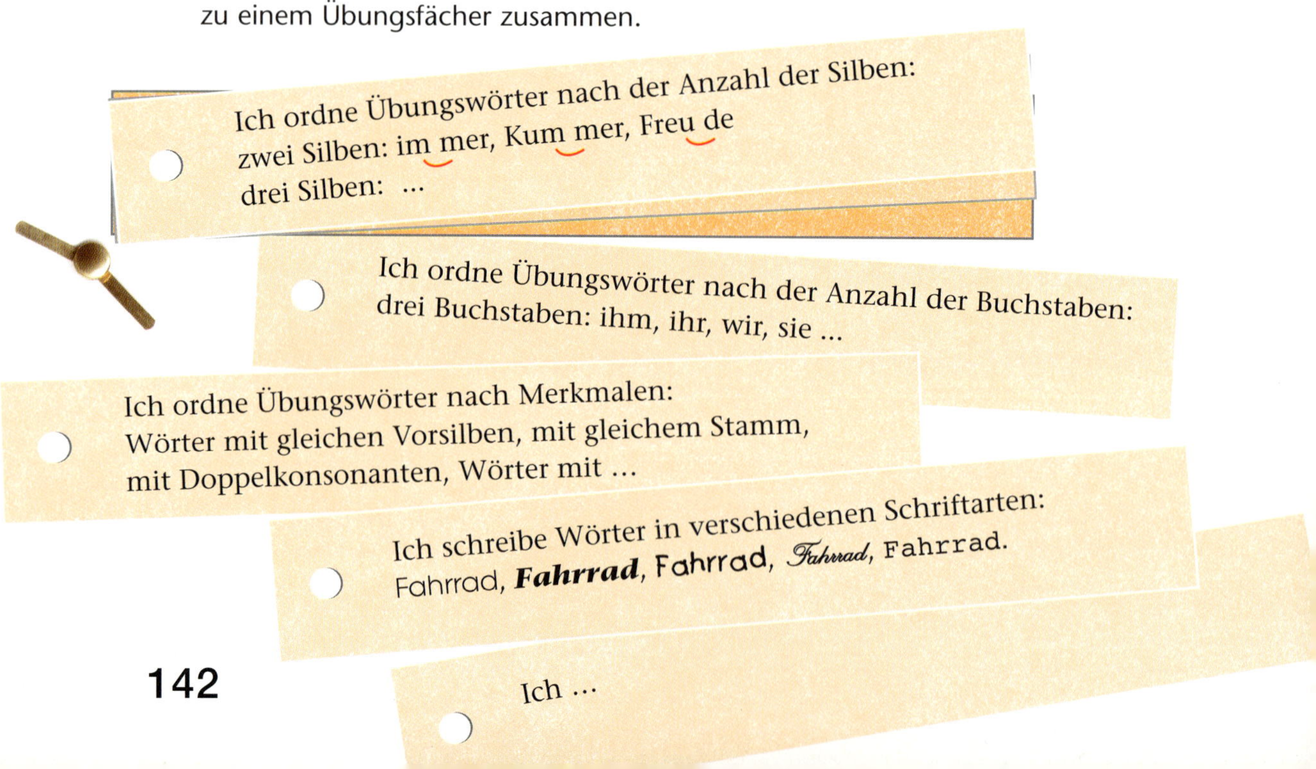

Tipps zum cleveren Rechtschreiben

Wenn du unsicher bist, wie ein Wort geschrieben wird, helfen oft die folgenden Rechtschreibproben. Wende sie so oft wie möglich an.

Wörter verlängern

Bilde den Plural bei Nomen	Steigere Adjektive	Bilde die Grundform bei Verben
das Sie**b** ➠ die Sie**b**e der Wal**d** ➠ die Wäl**d**er der Hun**d** ➠ die Hun**d**e	farbi**g** ➠ farbi**g**er lie**b** ➠ lie**b**er gesun**d** ➠ gesün**d**er	gi**b** ➠ ge**b**en schrei**bt** ➠ schrei**b**en

Verwandte suchen

Oft bleibt der Wortstamm oder Besonderheiten des Wortstamms in den verschiedenen Verwandten der Wortfamilie erhalten.

vernehmen	fahren	nehmen
aufnehmen	Fahrrad	nahm
Vernehmung	Fahrt	Abnehmer
annehmen	Fahrschule	Annahme

Tipp: Man schreibt ein Wort mit ä oder äu, wenn es eine Wortform oder ein verwandtes Wort mit a oder au gibt.

Bäcker ➠ backen	Kälte ➠ kalt
Mäuse ➠ Maus	lächeln ➠ lachen
ängstlich ➠ Angst	Stängel ➠ Stange

Wörter zerlegen

Viele Wörter bestehen aus Wortbausteinen. Oft hilft es, die Wörter in Vorsilben, Wortstamm und Endungen zu zerlegen: *verreisen* ➠ *ver – reis – en*

1 Suche in deinem Wörter-Buch oder in deiner Wörterkartei, in deinen Heften und in den Kapiteln des Sprachbuchs nach Wörtern, bei denen du diese Rechtschreibproben sinnvoll anwenden kannst.

Die Großschreibung von Nomen

Nomen werden großgeschrieben. Man erkennt sie an verschiedenen Signalen:

- am Artikel (*die Entdeckung, eine Höhlenmalerei*)
- an näheren Bestimmungen, z. B. Adjektiven (*eindrucksvolle Malerei*), Pronomen (*diese Malerei*)
- an bestimmten Endungen (Suffixen) (*-ung, -heit, -keit, -nis, -schaft*).

Zurück in die steinzeit
Die steinzeit hat ihren namen eher einem zufall zu verdanken. Ein dänischer wissenschaftler suchte nach einer möglichkeit, die vorgeschichtlichen fundstücke zu ordnen. Dabei ging er von den benutzten werkzeugen aus. So kamen die bezeichnungen steinzeit, bronzezeit und eisenzeit zustande. Diese zeitliche gliederung der vorgeschichte gilt noch heute.

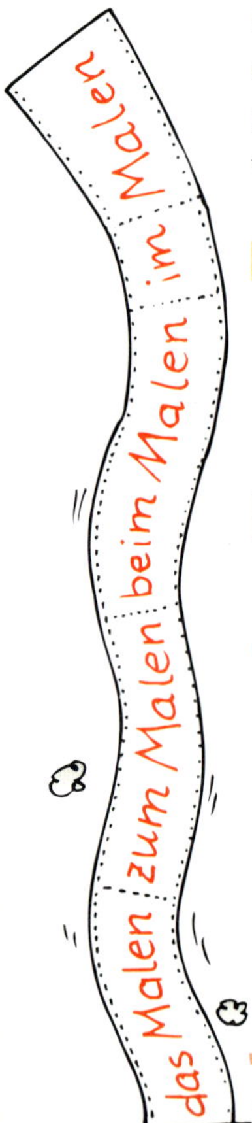

1 Schreibe den Text in richtiger Form ab. Kennzeiche die Signale der Nomen farbig.

Nominalisierung

Verben können wie Nomen gebraucht werden. Dieser Vorgang heißt **Nominalisierung**. Es gelten dann dieselben Signale wie für die Großschreibung der Nomen.

- Artikel (*das Malen*)
- nähere Bestimmungen, z. B. Adjektive (*steinzeitliches Malen*) Pronomen (*dieses Malen*)
- Präpositionen wie z. B. *beim (bei dem), zum (zu dem), vom (von dem), im (in dem), am (an dem) Malen.*

1 Die Nominalisierungsmaschine zeigt dir einige Möglichkeiten, wie Verben in Nomen verwandelt werden können. Füttere die Maschine mit den Verben „sammeln" und „jagen". Bilde Sätze mit den entstandenen Nomen und schreibe sie in dein Heft. Kennzeichne die Veränderungen farbig.

Kurze und lange Vokale unterscheiden

Welcher Stammvokal lang und welcher kurz gesprochen wird, merkt man am besten beim lauten Lesen.

suchen – die Kelle – die Uhr – der Tisch – die Wahl – der Kasten – das Buch – die Mitte – das Bett – der Rasen – der Finger – die Fahne – die Sonne – die Liebe – welken – der Dieb – der Kern – der Staat – die Klasse – der Haken – die Bank

1 Lies die Wörter laut und ordne sie mit der entsprechenden Markierung in einer Tabelle. Arbeite im Heft.

lang gesprochener Stammvokal	kurz gesprochener Stammvokal
suchen …	Tisch …

Doppelkonsonanten

Nach betonten kurzen Vokalen schreibt man fast immer zwei Konsonanten. Entweder handelt es sich

- um einen verdoppelten Konsonanten: Schall, Ratte, klappern, billig
- oder um zwei verschiedene Konsonanten, die man beim Hören meistens gut unterscheiden kann: Kern, welken, Wespe, saftig

Es gibt zwei Sonderfälle: Statt „kk“ schreibt man „ck“, statt „zz“ schreibt man „tz“.

1 Wörter mit doppelten Konsonanten kommen sehr häufig vor.
Suche in deinen Heften, in der Wörterkartei oder dem Wörter-Buch nach Wörtern mit doppelten Konsonanten.

ll	tt	nn	ss	ck	tz	…
Herstellung …						

2 Übernimm die Tabelle in dein Heft und sortiere die Wörter ein.
Kennzeichne sie wie im Beispiel. Sammle weitere Wörter.
Ein Tipp: Oft helfen Reimwörter. Suche auch Wörter mit anderen Doppelkonsonanten.

Kommasetzung bei Aufzählungen

Das Komma steht zwischen Satzteilen in Aufzählungen.
Das Komma entfällt vor den Bindewörtern „und“, „oder“, „sowie“.
Die Glieder einer Aufzählung können einzelne Wörter sein:
Im Wald findet man Kräuter, Moose, Farne und Wildblumen.

1 Zähle auf, was man im Wald alles beobachten kann. Schreibe es als Aufzählung auf. Beachte dabei die Kommasetzung.
Beispiel: *Im Wald kann man Spinnen, Ameisen und andere Insekten beobachten.*

2 Zähle auch auf, was man im Wald alles hören kann.

Der Wald
Der Wald hatte früher viele Aufgaben. Er schützte nicht nur vor Geröllmassen Schneelawinen und Lärm. Er versorgte die Menschen auch mit Nahrung Brennholz Baustoffen und Futter für die Haustiere. Heute suchen viele Menschen in den Wäldern Entspannung und Ruhe an frischer Luft. Ist es nicht schlimm, dass man jetzt viel zu oft von Waldsterben saurem Regen Ozonloch und Abholzung hört?

3 Schreibe den Text ab und setze alle fehlenden Kommas.

Die Glieder einer Aufzählung können auch Wortgruppen sein, z. B.:
Viele Pflanzen bevorzugen einen sonnigen Standort, ausreichend Wasser und einen nährstoffreichen Boden.

4 Stelle dir selbst Fragen zum Thema Wald und beantworte sie in Sätzen, die Aufzählungen enthalten.
Beispiel: *Wie viele Waldtiere kenne ich?*
Ich kenne den schädlichen Borkenkäfer, die rote Waldameise und scheue Rehe.

Was kann ich im Wald erleben? …

Kommasetzung in Satzgefügen

Wenn man Aussagen näher erklärt oder begründet, können Satzgefüge entstehen. In Satzgefügen werden Haupt- und Nebensätze durch Konjunktionen (Bindewörter) miteinander verbunden. Der durch eine Konjunktion eingeleitete Nebensatz wird vom Hauptsatz durch ein Komma abgegrenzt. Die häufigsten Konjunktionen sind *weil, wenn, damit, obwohl, dass, sodass.*

weil

Viele Menschen reisen mit dem Flugzeug.	Sie haben weit entfernte Urlaubsziele.
Ich will im Süden Urlaub machen.	Es ist dort wärmer.
Ich möchte nach Sizilien.	Ich will den Ätna sehen.
Ich fahre nicht weit weg.	Ich will meine Umgebung kennen lernen.

wenn

Ruf mich bitte an.	Du bist angekommen.
Ich fliege Weihnachten zu meiner Brieffreundin nach Australien.	Meine Eltern erlauben es mir.
Ich habe genug Geld gespart.	Ich reise nach Brasilien.

damit

Ich will nach England.	Ich verbessere meine Sprachkenntnisse.
Ich lerne wie verrückt Vokabeln.	Ich kann mich mit meiner Gastfamilie unterhalten.
Im Urlaub schreibe ich Tagebuch.	Ich vergesse keine Reiseeindrücke.

1 Forme die Satzpaare mündlich zu Satzgefügen aus Haupt- und Nebensatz mit der angegebenen Konjunktion um. Entscheide, ob der Nebensatz oder der Hauptsatz am Anfang stehen soll.

2 Schreibe die Satzgefüge auf und markiere die Konjunktion und das Komma.
Beispiel „weil“:
Ich möchte nach Amerika. *Meine Brieffreundin lebt in New York.*

Ich möchte nach Amerika, weil meine Brieffreundin in New York lebt.
Weil meine Brieffreundin in New York lebt, möchte ich nach Amerika.

Nebensätze mit „dass“

Ein durch die Konjunktion „dass“ eingeleiteter Nebensatz wird vom Hauptsatz durch ein Komma abgegrenzt.
Häufig stehen **Dass-Sätze** nach Verben des Meinens und Denkens (*glauben, denken, meinen, finden, wissen, überzeugt sein*).

Wir hoffen

Er vermutet

Ich weiß

Anna findet

dass die Geschichte gut ausgeht.

dass die Geschichte nicht spannend ist.

dass das Buch ausgeliehen ist.

dass der zweite Teil meines Lieblingsbuches bald erscheint.

1 Forme mit den Satzteilen mündlich sinnvolle Satzgefüge.

2 Schreibe die Satzgefüge auf und markiere die Konjunktion und das Komma.

Die wörtliche Rede

In Texten mit wörtlicher Rede kann der Begleitsatz an verschiedenen Stellen stehen.

Der **vorangestellte Begleitsatz** endet mit einem Doppelpunkt.
Vor dem Redeteil stehen die Anführungszeichen unten.
Das erste Wort im Redeteil wird großgeschrieben.
Nach dem Satzschlusszeichen am Ende des Redeteils stehen die Anführungszeichen oben.

______________________ : „ ～～～～～～ .“
Begleitsatz — Aussage

______________________ : „ ～～～～～～ ?“
Begleitsatz — Frage

______________________ : „ ～～～～～～ !“
Begleitsatz — Aufforderung und Ausruf

Beim **nachgestellten Begleitsatz** steht nach dem Redeteil immer ein Komma, auch wenn er mit einem Frage- oder Ausrufezeichen endet.
Achtung: Auch wenn die wörtliche Rede eine Aussage ist, wird hier kein Punkt gesetzt.
Nach dem Komma schreibt man klein weiter.

„~~~~~~~~", ____________________.
Aussage — Begleitsatz

„~~~~~~~~?", ____________________.
Frage — Begleitsatz

„~~~~~~~~!", ____________________.
Aufforderung und Ausruf — Begleitsatz

Beim **eingeschobenen Begleitsatz** werden nach dem ersten Teil der wörtlichen Rede und nach dem Redebegleitsatz Kommas gesetzt.

„~~~~~~~~", ____________________, „~~~~~~~~."
Begleitsatz

Aus alten Fabeln

Der hungrige Wolf fragte den wohlgenährten Hund Weißt du, wo es etwas zu fressen gibt
Ich bin schöner als ihr sagte eine eingebildete Krähe zu ihren Bekannten
Schönen Tag auch sagte der Fuchs zum Storch habt ihr nicht Lust, heute bei mir zu Abend zu essen
Binde deinen Fuß an meinen Fuß, dann werde ich schwimmen und dich über das Wasser ziehen sprach ein hinterlistiger Frosch zu einer Maus
Der Fuchs, der die Trauben nicht erreichen konnte, sagte verächtlich die Trauben sind mir viel zu sauer machte ein hochmütiges Gesicht und ging davon
Die fleißige Ameise fragte die hungrige Grille Wo warst du denn im Sommer Warum hast du nicht zur Erntezeit für Vorrat gesorgt

1 Lies die Sätze und achte darauf, an welcher Stelle die Tiere sprechen.

2 Schreibe die Sätze mit den Satzzeichen der wörtlichen Rede auf und ergänze Frage- bzw. Ausrufezeichen und Punkt.

3 Beachte die unterschiedlichen Satzarten der wörtlichen Rede. Markiere die Satzschlusszeichen.

4 Schreibe eine kurze Geschichte mit den verschiedenen Arten der wörtlichen Rede und überprüfe mit den Regeln auf dieser und der vorhergehenden Seite, ob du die Zeichen richtig setzen kannst.

Erkennen von Konsonanten am Wortende durch Verlängern des Wortes

Die Konsonanten (Mitlaute) „d" und „t", „g" und „k", „b" und „p" klingen am Wortende oft gleich. Wie ein Wort am Ende geschrieben wird, zeigt oft erst die Verlängerungsprobe.

Beispiel: der Hel**d** ➠ die Hel**d**en, also „d"
der Ber**g** ➠ die Ber**g**e, also „g"
das Wer**k** ➠ die Wer**k**e, also „k"

d oder t ?	verlängern	Ich schreibe also:
frem? Hu?	frem**d**e ...	d

d oder **t**? Schil?, kal?, Ra?, Pfer?, blon?, Lei?

1 Übernimm die Tabelle in dein Heft und entscheide durch Verlängern, ob „d" oder „t" geschrieben werden muss. Markiere die Konsonanten wie im Beispiel.

g oder **k**? Zwer?, Klan?, Schla?, Flu?, Käfi?, Par?, Ta?, Dan?, Ste?, star?, We?
b oder **p**? Sta?, plum?, Ver?, Stau?, Mikrosko?

2 Nutze die Tabelle auch zum Üben mit den anderen Konsonanten g/k und b/p.

Besonders schwierig ist oft die Entscheidung bei zusammengesetzten Wörtern. Verlängere immer den Teil des Wortes, zu dem der fehlende Buchstabe gehört.

Beispiel: Len?rad ➠ len**k**en, ich schreibe also „k"

g oder **k**? Blin?licht, We?weiser, Bur?graben, Quar?torte, Tan?laster
b oder **p**? Stau?wolke, Kle?stoff, Gra?kammer, Pum?station, Lau?baum
d oder **t**? Win?geschwindigkeit, Wor?spiel, Ro?kehlchen, Mon?gestein

3 Wende die Regel in der gleichen Weise bei den zusammengesetzten Wörtern an. Suche in deinen Heften oder in den Texten des Sprachbuches weitere Beispiele und übe, bis du sicher bist.

Das kann ich …

Name: ______________________ **Datum:** ________

Ich kann	☺	😐	☹
➠ Regeln und Tipps anwenden			
➠ Wörter ableiten und verlängern			
➠ Fehler finden und berichtigen			
➠ mich im Wörterbuch orientieren			
➠ Satzzeichen richtig setzen			
➠ Wortfamilien erkennen und bilden			
➠ kurze und lange Vokale unterscheiden			
➠ bei Problemen Hilfe einholen			
➠ anderen etwas erklären			
➠ selbstständig üben			
➠ meine Übungszeit sinnvoll einteilen			
➠ abwechslungsreich üben			
➠ …			
➠ …			

1 Übernimm die Tabelle in dein Heft.

2 Schätze deine Leistungen regelmäßig ein und setze dir danach neue Ziele.

3 Schreibe auf, was du dir in den nächsten Wochen vornimmst, und klebe den Zettel auf deinen Schreibtisch. So wirst du bald zu einem Rechtschreibprofi.

Das nehme ich mir in den nächsten Wochen vor:

➠ …
➠ …
➠ …

Lernzielübersicht

Kapitel / Thema	Sprechen und Zuhören	Lesen – mit Texten und Medien umgehen
Lebensort Schule **S. 4–13**	Ergebnisse präsentieren, Diskussion führen, Lernstrategie: Gesprächsregeln, Meinungen begründen, Interview führen	Redewendungen, Informationen aus Bildmaterialien entnehmen, zu einem Thema recherchieren
Nachrichten aus der Urzeit **S. 14–19**	Beschreiben von Einzelheiten, Erzählen in Gruppen, Nachrichten präsentieren	Sachtext, Grafiken und Lexika Informationen entnehmen
Schreibwerkstatt **S. 20–27**	Gruppengespräch über Schreibgewohnheiten, Interview, Nacherzählung, Märchen vorstellen (vorlesen, vorspielen)	Textarten unterscheiden, von Schülern verfasste Texte lesen, Merkmale von Märchen, Klassenlesebuch, Märchenlesewoche
Gegeneinander – miteinander **S. 28–35**	Konflikte besprechen, Ich-Botschaften formulieren, Rollenspiel, Standbild, Frage-Antwort-Spiel, Diskussion	Informationen aus Bildergeschichte entnehmen, Zeitungsmeldung, Erzählung, Lesekonferenz
Tiere – Mitbewohner unserer Erde **S. 36–43**	Gruppengespräch, Ergebnisse vorstellen, Pro-und-Kontra-Diskussion, Gesprächsregeln, Argumentieren, Vorlesetechnik, Referat/Präsentation	Sachtext, Informationen aus Lexika, Sachbüchern, Zeitungen, Internet und Fernsehen entnehmen
Richtig lesen will gelernt sein **S. 44–51**	Begriffe erklären, Texte Bildern zuordnen und begründen	Inhaltsverzeichnisse, Begriffe nachschlagen, Register, sinnantizipierendes Lesen, genaues Lesen, Anzeigentexte
Bücher sind zum Lesen da **S. 52–57**	Über Lektüre und verschiedene Medien sprechen, Vorlesen, Bücher vorstellen und empfehlen	Zitate, Verlagsverzeichnisse auswerten, Klappentexte, Bibliothek nutzen
Feiern in aller Welt **S. 58–63**	Materialien gegenseitig präsentieren, Befragung durchführen	Sachtexten Informationen entnehmen, Redewendungen, Tanzanleitung, Bild-Text-Verknüpfung

Schreiben: Texte verfassen	Schreiben: Rechtschreiben	Sprache und Sprachgebrauch untersuchen
Merkzettel, Protokoll von Stichworten, Tabelle, Plakat, Bild-Überschrift, Cluster, Checkliste	Lernstrategie: persönliche Wörterkartei/ persönliches Wörter-Buch	Wörter mit übertragener Bedeutung (Beispiel „sitzen")
Stichworte notieren, Bestandteile einer Nachricht aus einem Text herausschreiben, Nachricht verfassen	Großschreibung von Nomen und nominalisierten Verben, Diktat, Arbeit an Fehlerwörtern	Nomen, Nominalisierung von Verben, Nomen durch Adjektive und Pronomen näher bestimmen; Ober- und Unterbegriffe
Texte planen, aus verschiedenen Ideensammlungen Geschichten schreiben, Geschichten umschreiben, Lernstrategie: Texte überarbeiten, Checkliste, Schreibkonferenz	Fehlersensibilisierung durch Textüberarbeitung	im Rahmen der Textüberarbeitung Aufmerksamkeit für Wiederholungen, verschiedene Satzanfänge und wörtliche Rede entwickeln
Cluster, Stichworte, Konfliktkarten, Informationen schriftlich fixieren, Brief schreiben		
Merkzettel, Ergebnis-Protokoll, Cluster, Lernplakat, Pro-und-Kontra-Tabelle, Grundlage zum Halten eines Referats schriftlich festhalten, Wendekarten anlegen	Üben des Wortschatzes des Kapitels mit dem Wörter-Buch/ der Wörterkartei	Perfekt, Präteritum, Adverbien, Personalpronomen, sinn- und sachverwandte Wörter
Inhaltsverzeichnis anlegen, Lückentext verfassen, Überschriften formulieren, Text mit „Fehlern" schreiben	Fremdwörter	Wörter mit übertragener Bedeutung, durch Einsatzübung Gliederung von Wörtern erkennen
Werbeplakat, Bücher-Wunschzettel, Buchtipp, Kartei, Checkliste, Lernstrategie: Lesetagebuch	Zeichensetzung in Satzgefügen, Schreibung von „dass"	Satzgefüge, Konjunktion, Dass-Sätze nach Verben des Meinens/Denkens, Oberbegriffe
Informationen nach Oberbegriffen aufschreiben, Ergebnis-Liste, „Visitenkarten" von Festen, Fest-Buch	Regeln für Großschreibung von Nomen mit -heit, -keit, -ung und -nis, Übung schwieriger Wörter mit dem Wörter-Buch/der Wörterkartei	Wortbildung: Wortbausteine, Stellung des Prädikats in Haupt- und Nebensätzen, Satzglieder durch Umstellprobe ermitteln, Redewendungen

Kapitel / Thema	Sprechen und Zuhören	Lesen – mit Texten und Medien umgehen
Wissen aus dem WWW **S. 64–71**	Umfrage, Diskussion, Plakat gestalten in Gruppenarbeit, Lernstrategie: Gruppenarbeit und -bewertung, Ergebnisse präsentieren	Internet-Recherche, Webinhalte analysieren, Sachtext, Lernstrategie: Leseschritte, diskontinuierliches Lesen
Spiel und Sport **S. 72–77**	Gruppengespräch, Spiel vorstellen, Regeln erklären, Fragebogen auswerten	Spielanleitung, Zeitungsausschnitte, Fragebogen
Angst verlieren – Mut gewinnen **S. 78–85**	Standbild, Rollen einnehmen und erläutern, Empfindungen berichten, Szene spielen, Text vorlesen	Verschiedene Erzähltexte zu einem Thema
Vorhang auf **S. 86–93**	Bewegungsübungen mit und ohne Sprache, Improvisieren, Wandervorführung, Darstellendes Spiel	Spieltext
Wälder sind mehr als Bäume **S. 94–101**	Sprichwort erklären, Begriffe erläutern, Einzelheiten beschreiben	Sentenzen/Zitate, Sachbüchern/Internet Informationen entnehmen, genaues Lesen
Wenn Tiere sprechen könnten **S. 102–107**	Fabeln vorstellen, Geschichten nach Bildvorlagen erzählen	Fabeln, Sachtext, Sachinformationen recherchieren
Abenteuer **S. 108–113**	Abenteuer erzählen und Rückmeldung geben und erhalten	Erzähltext
Unsere Erde – sehen, staunen, verstehen **S. 114–121**	Informationen vorstellen, Wünsche formulieren	Informationen aus Atlas entnehmen, Briefe, Sachtexte, Rezept
Unglaubliche Geschichten **S. 122–129**	Geschichten vorstellen, Interview führen, Gedicht szenisch darstellen, Ergebnisse präsentieren	Fantasiegeschichten, Gedicht, Reimverse, Vorlesen

Schreiben		
Texte verfassen	**Rechtschreiben**	**Sprache und Sprachgebrauch untersuchen**
Bilduntertitel finden und in einem Zeitstrahl eintragen, Notizen, Lückentext, Computer-Lexikon anlegen, Worterklärungen verfassen, Tipps formulieren	Fremdwörter, Wörter aus dem Englischen, Übung des Kapitelwortschatzes mit Wörter-Buch und Wörterkartei	Oberbegriffe, Fremdsprachlichkeit
Wortkarten, Text umschreiben, Spielanleitung, Fragebogen, Sportzeitschrift	Schreibung zusammengesetzter Nomen mit Fugenelement	Formen und Leistung des Verbs, Infinitiv, Perfekt mit haben und sein, Oberbegriffe, zusammengesetzte Nomen mit Fugenelementen
Stichworte, Gefühle versprachlichen, Gedichte (Abecedarium/Akrostichon), Angst-Geschichte		Fremdsprachlichkeit, Redewendungen, unterschiedliche Leistung von Wortarten
Wortkarten, Stichworte als Spielgrundlage, Überschriften		Wortfeld „gehen“, Fachvokabular zum Darstellenden Spiel, Adjektive
Überschriften, Sätze mit Aufzählungen, Informationen in Zeitstrahl darstellen, Lernstrategie: Informationsplakat, Materialliste, Legende	Komma bei Aufzählung, Fachbegriffe, Fremdwörter, Übung schwieriger Wörter mit Wörter-Buch und Wörterkartei	Aufzählung von Satzgliedern, Steigerung von Adjektiven, zusammengesetzte Adjektive, Wortbedeutung
Sätze nach Muster aufschreiben und umformen, Pinnwand, wörtliche Rede in eine sinnvolle Reihenfolge bringen	Zeichensetzung bei wörtlicher Rede	Leistung der wörtlichen Rede, Redebegleitsatz, Satzarten, Wortfeld „sagen“, Prädikat, Satzglieder
Texte planen, schreiben und überarbeiten, Lernstrategie: Überarbeitungskarussell	Fehlersensibilisierung durch Textüberarbeitung	Präpositionen, Satzglieder mit der Umstellprobe ermitteln, Stellung des Prädikats in Aussagesätzen
Briefe, Werbetexte, Arbeitsschritte eines Kochrezeptes, Text in Bildfolge umsetzen	Fremdwörter, Komma im Satzgefüge, Doppelkonsonanten	Satzglieder, Konjunktion, Anredepronomen, Satzgefüge, Wiederholung Wortarten
Informationen in Zeitstrahl anordnen, Materialsammlung, Parallelgedicht schreiben	Übung schwieriger Wörter mit dem Wörter-Buch und der Wörterkartei	Dativ- und Akkusativobjekt, Präteritum unregelmäßiger Verben, Konjunktionen, Wortfeld „sagen“

Sachwortregister

A

B

C

D

E

F

G

H

I

K

L

M

N

O

P

R

S

T

U

V

W

Z

Text- und Bildquellen

Textquellen

S. 19: *Spurensuche.* Originalbeitrag.
S. 32: *Konfliktlotsen an Berliner Schulen.* Originalbeiträge.
S. 34: Irina Korschunow: *Ich bin so gemein gewesen.* Aus: Kindergeschichten aus Deutschland. Hrsg.von K. Frank. Frankfurt/Main: Fischer 1980.
S. 38: *Anna-Maria Giordano.* Text nach: Greenpeace Magazin 1/2000, S. 81.
S. 40: *Der Pottwal.* Originalbeitrag.
S. 43: *Der Schlingel mit dem Schmusefell.* Text nach: Thomas Joppig: Otter – die Schlingel mit dem weichen Fell. Aus: Geolino 11/2002, S. 14 ff.
S. 46: *Register.* Aus: Almuth Barth: Kochen. Das Kicher-, Spiel- und Brutzelbuch für kleine Köche. Nürnberg: Tessloff Verlag 1992. S. 61.
S. 47: *Büffeljäger.* Aus: Alles, was ich wissen will – Indianer. Ravensburger Buchverlag Otto Maier 2002. S. 28.
S. 48: *Katzenwäsche.* Aus: Steve Parker: Säugetiere. Aus dem Englischen von Margot Wilhelmi. Hildesheim: Gerstenberg Verlag 1992. S. 46 f.
S. 49: *Drei Freunde …* Originalbeiträge.
S. 50 f.: Textauszüge aus: Super-Ferienpass 2001/2002. Hrsg. vom JugendKultur-Service, gemeinnützige GmbH des Berliner Jugendklub e.V., Obentrautstr. 55, 10963 Berlin.
S. 54: *Verlagstexte.* Aus: Bücherbox 2002. Hrsg. von der Arbeitsgemeinschaft von Jugendbuchverlagen e.V. München o. J. S. 28 und S. 49.
S. 60: *Trung Thu.* Nach: Das große Fest. Mit einem Text von Anabel Kindersley und Fotografien von Barnabas Kindersley. München: Dorling Kindersley Verlag 2000. S. 40 f.
S. 62: *Holi.* Nach: Das große Fest. Mit einem Text von Anabel Kindersley und Fotografien von Barnabas Kindersley. München: Dorling Kindersley Verlag 2000. S. 18 f.
S. 68: *Konrad Zuse.* Originalbeitrag.
S. 80 f. li.: Auszug aus: Ursula Wölfel: *Der Nachtvogel.* Aus: U.W.: Die grauen und die grünen Felder. Mühlheim/Ruhr: Neithard Anrich Verlag 1970.
S. 80 f. re.: Auszug aus: Erich Kästner: *Emil und die Detektive.* Hamburg: Cecilie Dressler Verlag 1935.
S. 82: Auszug aus: Ursula Wölfel: *Der Nachtvogel.* Aus: U.W.: Die grauen und die grünen Felder. Mühlheim/Ruhr: Neithard Anrich Verlag 1970.
S. 94 Mi. li.: Nazim Hikmet: *Leben.* Aus: Die Wasser sind weiser als wir. Türkische Lyrik der Gegenwart. München: Schneekluth 1987.
S. 94 o. re.: Auszug aus: Johann Wolfgang von Goethe: *Gefunden.* Aus: Goethes Werke. Hamburg: Christian Wegner Verlag 1962.
S. 94 u.: Auszug aus: Theodor Storm: *Ein grünes Blatt.* Aus: Das große deutsche Gedichtbuch. Hrsg. von Karl Otto Conrady. Kronberg/Taunus: Athenäum Verlag 1977.
S. 97: *Glockenblumen.* Originalbeiträge.
S. 98 f.: *Eine Baumgeschichte.* Aus: Greisenegger, Farasin, Pitter: Umweltspürnase Aktivbuch Wald. Wien: Verlag ORAC 1987.
S. 104: *Der Wolf und der Reiher.* Originalbeitrag.
S. 109: Auszug aus: Edward Packard: *Die Insel der 1000 Gefahren.* Ravensburger Buchverlag 2003. S. 7 f.
S. 112: *Auf großer Fahrt.* Originalbeitrag.
S. 116: *Australien.* Originalbeitrag.
S. 118: *Kolumbus.* Text nach: Tropische Nutzpflanzen. Informationen für Lehrer. Hrsg. von der Pädagogischen Beratungsstelle am Botanischen Garten und Botanischen Museum Berlin-Dahlem. o. O. o. J. S. 13.
S. 119: *Zitate John Tullins und Lora Brody.* Aus: Ulla Fölsing: Schokolade – ein unwiderstehlicher Genuss. München: arsEdition 1996. S. 82 und 84.
S. 119: *Schokoladenrezept.* Aus: Tropische Nutzpflanzen. Informationen für Lehrer. Hrsg. von der Pädagogischen Beratungsstelle am Botanischen Garten und Botanischen Museum Berlin-Dahlem. o. O. o. J.
S. 120: *Weiße Wüste.* Originalbeitrag.
S. 121: *Reisen auf dem ewigen Eis.* Originalbeitrag.

S. 122: Nach: Erich Kästner erzählt. Hamburg: Cecilie Dressler Verlag 1982.
S. 123: *Hieronymus Karl Friedrich Freiherr von Münchhausen.* Text bearbeitet nach: http://www.bodenwerder.de/muenchhausen.htm
S. 124: *Ich sah eine Mücke, die zog …* Aus: Bausteine. Sprachbuch 4. Hrsg. von Siegfried Buck. Frankfurt / Main: Verlag Moritz Diesterweg 1994. S. 31.
S. 125: *Ein Jagdabenteuer.* Nach: Erich Kästner erzählt. Hamburg: Cecilie Dressler Verlag 1982.
S. 126: *Storch, Mops und Frosch …* Aus: Struwwelpeter und Consorten. Bilderbögen und Bildergeschichten. Hildesheim: Gerstenberg Verlag 2003. S. 68.
S. 128: Róza Domascyna: *Wer hat was gesagt?* Aus: Großer Ozean. Gedichte für alle. Hrsg. von Hans-Joachim Gelberg. Weinheim und Basel: Beltz Verlag 2000. S. 47.

Bildquellen

S. 4: Ernst Würtenberger: Auf der Schulbank / Der Nachsitzer (1909). Staatliche Kunsthalle, Karlsruhe.
S. 5: AKG, Berlin.
S. 7, 9, 18 o., 23, 26, 27, 28, 30, 33, 79, 80 li., 112, 118: Illustrationen von Frauke Weldin, Hamburg.
S. 10, 12, 13, 18 u., 19, 37, 42, 64, 66, 67, 68, 69, 70, 71, 73, 75, 87, 91, 92, 93, 96, 101, 108, 114, 121, 124, 128, 134, 142, 144: Illustrationen von Susann Hesselbarth, Leipzig.
S. 14: Zeichnung von Jame's Prunier. © Publications internationales pour la jeunesse Gallimard-Larousse 1991.
S. 16: Aus: So lebten sie zur Zeit der Urmenschen. Lexikon der prähistorischen Tiere. Nürnberg: Tessloff Verlag 1980. S. 36.
S. 17 li.: Aus: Wissen heute auf einen Blick. Evolution des Menschen. Klagenfurt: Neuer Kaiser Verlag 1993. S. 81.
S. 17 re.: © Publications internationales pour la jeunesse Gallimard-Larousse 1991.
S. 20: Verlagsarchiv.
S. 21, 25, 88: Fotos von Dieter Rixe, Braunschweig.
S. 25 li.: Cover zu: Märchen der Brüder Grimm. 2000 / 2003 Der Kinderbuch-Verlag, jetzt: in der Verlagsgruppe Beltz, Weinheim und Basel.
S. 25 Mi.: Cover zu: Das große Buch der Märchen, Sagen und Gespenster. Hrsg. von Franz Rottensteiner. Frankfurt / Main: Fischer Taschenbuchverlag 1982. Umschlagentwurf: Jan Buchholz / Reni Hinsch.
S. 25 Mi. u.: Cover zu: Märchen von Hexen und weisen Frauen. Hrsg. von Sigrid Früh. Frankfurt / Main: Fischer Taschenbuchverlag 1986. Umschlagentwurf: Thomas & Thomas Design, Heidesheim.
S. 25 re.: Cover zu: Heinz Grotzfeld: Märchen aus 1001 Nacht. In zwei Bänden. Copyright für die Cover © 1995 by Rowohlt Taschenbuch Verlag GmbH, Reinbek bei Hamburg (nicht mehr lieferbar).
S. 32: Foto: Klaus Kohn, Braunschweig.
S. 36 o. li.: OKAPIA/Foto: Nils Reinhard.
S. 36 o. Mi.: Foto: Ingo Arndt, Wildlife Photography.
S. 36 o. re.: OKAPIA, Frankfurt/Foto: Gerhard Schulz.
S. 36 Mi. li.: OKAPIA, Frankfurt/Foto: Stephen Dalton.
S. 36 Mi. Mi.: OKAPIA/Foto: Eric Dragesco.
S. 36 Mi. re.: OKAPIA/Foto: Gerhard Fidler.
S. 36 u. li.: OKAPIA, Frankfurt/Foto: Hansgeorg Arndt.
S. 36 u. Mi.: OKAPIA, Frankfurt.
S. 36 u. re.: Foto: Reinhard-Tierfoto, Heiligkreuzsteinach.
S. 38: dpa, Frankfurt.
S. 39: Zeichnung von Michael Papenberg, Barsinghausen.
S. 40: OKAPIA.
S. 22 li., 41, 44, 76, 77, 87 o., 88 o. li., 89, 90, 95, 104 re., 111, 119 o.: thom bahr GRAFIK, Mainz.
S. 43: Foto: Ingo Arndt, Wildlife Photography.
S. 48: DK-IMAGES, Picture Library, London.

S. 49: Cover Helme Heine, Freunde. 2003 Beltz & Gelberg in der Verlagsgruppe Beltz, Weinheim und Basel.

S. 50: Cover Super-Ferien-Pass 2002/2003. Hrsg. vom JugendKulturService, Berlin. Titelbild: motus Werbeagentur GmbH.

S. 52 li.: Cover zu: Robert Louis Stevenson: Die Schatzinsel. © Arena Verlag, Würzburg.

S. 52 Mi. li.: Cover des Films Die Schatzinsel. © buena vista, München.

S. 52 Mi. re. o.: Cover zu: Die Schatzinsel nach Robert Louis Stevenson. Illustrationen von François Roca. Erzählt von Claire Ubac. Copyright © 1999 Editions Nathan/HER. Deutsche Ausgabe Copyright © 2000 Gerstenberg Verlag, Hildesheim.

S. 52 Mi. re. u.: Cover zu: Robert Louis Stevenson: Die Schatzinsel. Mit freundlicher Genehmigung des Hörverlags GmbH, München. Coverfoto: defd/movies.

S. 52 re.: Cover zu: Robert Louis Stevenson: Die Schatzinsel. Illustrationen von François Place. Copyright © 1994 Editions Gallimard, Paris. Deutsche Ausgabe Copyright © 2001 Gerstenberg Verlag, Hildesheim.

S. 54 li.: Cover zu: Amy MacDonald: Nie wieder fies. © Verlag Freies Geistesleben, Stuttgart.

S. 54 re.: Cover zu: Robin Kerrod: Raubvögel. Mit freundlicher Genehmigung des Kosmos Verlags, Stuttgart © 2002.

S. 56: Cover zu: Robert Louis Stevenson: Die Schatzinsel. © Arena Verlag, Würzburg.

S. 58 o. li.: ZEFA/Mugshots, Düsseldorf.

S. 58 o. re.: Mauritius-images.

S. 58 Mi.: Aus: Das große Fest. Mit einem Text von Anabel Kindersley und Fotografien von Barnabas Kindersley. München: Dorling Kindersley Verlag 2000. S. 30.

S. 58 u. li.: Aus: Das große Fest. Mit einem Text von Anabel Kindersley und Fotografien von Barnabas Kindersley. München: Dorling Kindersley Verlag 2000. S. 24.

S. 58 u. re.: Christoph @ Friends, Das Fotoarchiv/James Sugar, Essen.

S. 60: Aus: Das große Fest. Mit einem Text von Anabel Kindersley und Fotografien von Barnabas Kindersley. München: Dorling Kindersley Verlag 2000. S. 24.

S. 62 li.: Aus: Das große Fest. Mit einem Text von Anabel Kindersley und Fotografien von Barnabas Kindersley. München: Dorling Kindersley Verlag 2000. S. 4.

S. 62 re: Aus: Das große Fest. Mit einem Text von Anabel Kindersley und Fotografien von Barnabas Kindersley. München: Dorling Kindersley Verlag 2000. S. 19.

S. 63: Aus: Das große Fest. Mit einem Text von Anabel Kindersley und Fotografien von Barnabas Kindersley. München: Dorling Kindersley Verlag 2000. S. 12.

S. 72: Verlagsarchiv.

S. 77: [Tänzerin:] Mauritius-images. [Sky-Surfer:] AP, Frankfurt. [Dirk Nowitzki:] Bongarts Sportfotografie, Hamburg. [Schwimmer:] Foto: Klaus Kohn, Braunschweig.

S. 78: PWE Kinoarchiv, Hamburg.

S. 80 re.: PWE Kinoarchiv, Hamburg.

S. 83: Fotos: Margarete Kolbe, Berlin.

S. 86: Fotos: Ramona Schulz, Berlin.

S. 98 f.: Verlagsarchiv.

S. 100 f.: Silvestris/Foto: Jürgens.

S. 102: OKAPIA, Frankfurt.

S. 103/104 li.: Verlagsarchiv.

S. 107: Verlagsarchiv.

S. 115: dpa, Frankfurt.

S. 116: Mauritius-images.

S. 119: bpk, Berlin (F 10645). Foto: Gerhard Reinhold. Standort: Gemäldegalerie Alte Meister, Dresden.

S. 120 li.: Silvestris/FLPA.

S. 120 re.: AKG, Berlin.

S. 122: AKG, Berlin.

S. 123: AKG, Berlin.

S. 125: Zeichnung von Walter Trier. Aus: Erich Kästner erzählt. Hamburg: Cecilie Dressler Verlag 1980. S. 37. © Atrium Verlag, Zürich.

S. 126 f.: Aus: Struwwelpeter und Consorten. Bilderbögen und Bildergeschichten. Hildesheim: Gerstenberg Verlag 2003. S. 68.